Mātāmua ko te Kupu!

Mātāmua ko te Kupu!

Te haka tēnā!

Te wana, taku ihi e, pupuritia!

Nā Tā Tīmoti Kāretu

KOTAHI RAU PUKAPUKA

1

Auckland University Press

Kotahi Rau Pukapuka 1
*Kia puāwai te aroha ki te reo
mā te rau pukapuka.*
www.kotahiraupukapuka.co.nz

Nō te tau 2020 te tānga tuatahi
Auckland University Press
Te Whare Wānanga o Tāmaki Makaurau
Pouaka Motuhake 92019
Tāmaki Makaurau 1142
Aotearoa
www.aucklanduniversitypress.co.nz

Te kanohi hihira: Pānia Papa
Te kanohi hōmiromiro: Leon Heketū Blake
Te kaitīpako kuputohu: Erana Louise Foster
Te pou hōmiromiro: Jamie Te Huia Cowell

ISBN 978 1 86940 941 8

He mea tautoko nā Te Mātāwai –
Kia ūkaipō anō te reo.

Kei Te Puna Mātauranga o Aotearoa tētahi pūrongo whakarārangi mō tēnei pukapuka.

Te kaihoahoa: Neil Pardington Design
Te whakarauwaka tuhinga: Tina Delceg
Te ringatoi: Hiwirori Maynard
Te kaihoahoa tuarā: Kawariki Morgan

He mea tā tēnei pukapuka nā Blue Star Wellington i Aotearoa.

Ngā Kai o Roto

Ngā Whakaahua vi

Ngā Waiata me ngā Haka viii

He Mihi xvii

He Kupu Takamua 1

Te Waiata ā-Ringa 10

Ngā Waiata ā-Ringa o ngā Pakanga Nui e Rua o te Ao 23

Tā te Ao Ipoipo 52

Tēnei Mea te Waiata Poroporoaki 74

Ngā Waiata Whakangahau a te Ao Māori 91

Ngā Titonga i Kawea i ngā Whakataetae Haka Matua o te Motu 109

Te Ao Pākehā i Roto i te Titonga Māori 132

He Mihi rā, kei aku Rangatira, kei ngā Tūmau, kei ngā Ringawera 144

He Paku Whakaaro, he Kōingo Nui 152

He Kuputohu 159

Ngā Whakaahua

1. Te Kapa o Ngāti Rānana
2. Te Puea Hērangi rāua ko Apirana Ngata
3. Tuini Ngāwai rāua ko Ngoi Pēwhairangi
4. Kumeroa Ngoingoi Pēwhairangi
5. Paraire Tomoana
6. Kuini Moehau Reedy
7. Tīmoti rāua ko Te Arikinui Te Atairangikaahu
8. Tākuta James Wharehuia Milroy
9. Wiha Te Raki-Hāwea rāua ko Tīmoti Kāretu
10. Te Pākūhātanga o Tainui Stephens rāua ko Wiha Te Raki-Hāwea
11. Te Pākūhātanga o Tipiziwin rāua ko T Tolman
12. Hāmuera Taipōrutu Mitchell
13. Rongomaiāniwaniwa Milroy
14. Ngāpō rāua ko Pīmia Wehi
15. Te Waka Huia me ōna Kaiwhakaako

16. Ngā Ringawera nō Tūhoe i te Hui a ngā Kaiwhakaako ki Mātaatua Marae

17. Ngā Kaitātaki o Te Whare Wānanga o Waikato

18. Ko Mātou ko aku Kaiwhakarangi, ko Leon Heketū Blake rāua ko Pania Papa

19. Ngā Tūmanako

20. Te Rerenga Kōtuku

21. Te Tira Haere Tuarima o Te Panekiretanga o te Reo

22. He karu pūkana – Te Whare Wānanga o Waikato

23. He arero whētero – Te Whare Wānanga o Waikato

24. Tīmoti Kāretu

Ngā Waiata me ngā Haka

Aku Mahi 10
Kōhine Pōnika

I runga o ngā puke 24
Paraire Tomoana

Te Ope Tuatahi nō Aotearoa 25–26
Apirana Ngata me Paraire Tomoana

E pari rā 26–27
Paraire Tomoana

E tā mā, he mārie 27–28
Apirana Ngata

E noho e 'Rata 29–30
Te Puea Hērangi

Karangatia rā 31–32
Tuini Ngāwai

E kīia mai nei ka ngaro a Ngā Puhi 32–33
Tarau Tītore

I runga ahau o Ngā Puhi 33
Hēnare Te Ōwai

Mai i ngā rā o mua, e Ari' 34
Marotiri

Uia mai koia 35
Mikaera Pēwhairangi – Te Tai Rāwhiti

Uia mai koia 35–36
Mita Taupopoki – Te Arawa

E horahora atu rā 38
Te Hokowhitu a Tū

Kua rongorongo hoki ahau 39
Kōhine Ponika

Te rā i haere ai 39–40
Tuini Ngāwai

Arohaina mai, e te Kīngi nui 41
Tuini Ngāwai

Te Hokowhitu Toa mauria atu rā 41–42
Tuini Ngāwai

Hītara waha huka, ūpoko mārō 42
Wī Moana

Ngā rongo o te pakanga nei 43–44
Tuini Ngāwai

Haere mai rā, e te Kāwana e 45–46
Apirana Ngata

Haere mai, e ngā iwi, ki te hui aroha e 46
Tuini Ngāwai

E Te Hokowhitu a Tū, kia kaha rā 47
Tuini Ngāwai

Pōwhiritia rā ngā mōrehu 48–49
Apirana Ngata

Tomo mai, e tama mā, ki roto, ki roto 49–50
Hēnare Waitoa

Kia ora ngā hōia 50
Kāore i te mōhiotia te kaitito

Ka eke ki Wairaka 52
Rihi Puhiwahine

E kore e ahiahi 53
Rīria Turiwhēwhē

Te hora aku paki ko koe e Te Poho 53
Nekepapa o Te Āti Awa

Pūrei kohu e whakatoro rā 54
Waipū o Ngāti Manu

Kāore hoki te pō nei 54
Kāore i te mōhiotia te kaitito

Kāore te aroha e huri i runga rā 55
Kāore i te mōhiotia te kaitito

E noho ana hoki 56
Te Heuheu

Pōkarekare ana ngā wai o Waiapu 57
Paraire Tomoana/Apirana Ngata

Hokihoki tonu mai 58
Paraire Tomoana

Haere rā, e hine, ki Rotorua ki reira noho ai 58
Kāore i te mōhiotia te kaitito

Tāpapa mai, e hine, ki roto i a au 58
Kāore i te mōhiotia te kaitito

Me he manu rere 58–59
Nō Whakarewarewa

Haere rā, haere rā, e taku reta 59
Kāore i te mōhiotia te kaitito

Tūranga mokemoke ana ahau 59–60
Kāore i te mōhiotia te kaitito

He putiputi koe i katohia 60–61
Apirana Ngata

Taumarumaru ko te rā 61–62
Te Ōhākī Reedy

Tahi nei taru kino 62–63
Paraire Tomoana

He aha kei taku uma e pātuki ake nei 63
Kīngi Tahiwi

Ka rapa, ka kimi noa ngā whakaaro 64
Tuini Ngāwai

E kore te aroha e taka e 64
Tuini Ngāwai

E Ipo 65
Ngoi Pēwhairangi/Dalvanius Prime

Mahara 65–66
Ngoi Pēwhairangi

Te Ahureinga o te Aroha 66–67
Kuini Moehau Reedy

Ko tēnei te pō i raro o te marama 67
Kāore i te mōhiotia te kaitito

He wawata i ngā rangi nei 68
Kāore i te mōhiotia te kaitito

E rere, e te manu 69
Hirini Melbourne

Tai Aroha 69–70
Wharehuia Milroy

E kīia ana ko te aroha anō he wai 70–71
Tīmoti Kāretu

Kei Taku Tōrere 71–72
Tīmoti Kāretu

Moe mai, e hika, i tō moenga roa 74
Te Tai Rāwhiti

Ōu tohu, e te hoa, i tō haerenga e 75–76
mō Tangatakino MacDonald nā Tīmoti Kāretu

Te Rangiāniwaniwa 76–77
mō Te Rangihau nā Tīmoti Kāretu

Whakaipuipu mai rā te moana kei waho rā e 78
mō Ngoi nā Tīmoti Kāretu

Kei taku kōmutu taramea 79–80
mō Hāmuera Mitchell nā Tīmoti Kāretu

He Rau Maharatanga 81
mō Wiha Te Raki-Hāwea nā Tīmoti Kāretu

E karanga kau ana, e Niwa 82–83
mō Niwa Milroy nā Tīmoti Kāretu

E whae', e Pī' 84–85
mō Pīmia Wehi nā Tīmoti Kāretu

I riro koe, e Pā 85–86
mō Ngāpō Wehi nā Tīmoti Kāretu

E tō e te rā! 87–88
mō Te Arikinui Te Atairangikaahu
nā Tīmoti Kāretu

Te Wharehuia, kei taku ariki 89
mō Te Wharehuia Milroy nā Tīmoti Kāretu

Tīwhanawhana ana 91
Tūhoe

Ko ahau kei te ngutu e mauria ana mai 92
Te Moe-tū-tāhuna

Mene tonu mai runga 93
nā Manomano o Tūwharetoa

Poia atu taku poi 93
Erenora Taratoa

Te Kaioraora a Tāmaku 93–94
nō Ngāi te Rangi

Te Pātere a Kārangi 94
nō Ngāti Tūwharetoa

Moumou rawa mai te kai a te tara nei 95
Te Whaitiri-o-te-rangi nō Rongowhakaata

He oranga mai 95
Kāore i te mōhiotia te kaitito

Kua kī taku puku 96
He pao

Karangatia he mīti 96
He pao

Haria i runga, haria i raro 97
He harihari kai nā Tūhoe

Pakoko! Pakoko! 97
He haka nā Tūhoe

Hei aha te heihei? 97–98
He harihari kai nō Te Tai Hau-ā-uru

He kai! He kai! 98
He harihari kai nō ēnei wā nei

Auahi ka kā kei Pōneke rā 98
He haka nā Tūhoe

Pīki whara tō taiaha, he muramura 100
Kāore i te mōhiotia te kaitito

Kei tangi a Big Ben 101–02
Tuini Ngāwai

The strings of your temotemo like a banjo 102
Kāore i te mōhiotia te kaitito

Chattanooga choo choo makere mai tō piupiu 102–03
Kāore i te mōhiotia te kaitito

Tākiri te māti e 103
Kāore i te mōhiotia te kaitito

Wahine kino koe, kaiponu i tō paipera 103
Kāore i te mōhiotia te kaitito

Wahine pai tō āhua 104
Kāore i te mōhiotia te kaitito

Tāpapa mai, e hine 104
Kāore i te mōhiotia te kaitito

Kotahi atu, kotahi mai he paoro pakōpakō 104
Kāore i te mōhiotia te kaitito

Taiapatia mai kia whitu ngā waea 104
Kāore i te mōhiotia te kaitito

Kore koe i mōhio 105
Kāore i te mōhiotia te kaitito

Mate koe i te aroha, e hine, me tono e koe 105
Kāore i te mōhiotia te kaitito

Me āta tukutuku, e hine, i ō taera 105
Kāore i te mōhiotia te kaitito

Tākirikiri te māti e 105
Kāore i te mōhiotia te kaitito

Wahine kino koe 106
Kāore i te mōhiotia te kaitito

Putiputi kanehana e 106
Tuini Ngāwai

He pūru taitama 106–07
Kīngi Tahiwi

Tūpato, e hine, kei rahua koe e Ngāi Tūhoe 107
Ngāi Tūhoe

E tū, e Ure 107
Kāore i te mōhiotia te kaitito

He aha rā kei te tau o taku ate e haehae ake nei? 110–11
Tīmoti Kāretu

E nanawe ake ana 112
Tīmoti Kāretu

Te Muru Whenua 113–15
Tīmoti Kāretu

He haka te wahine! 115–16
Tīmoti Kāretu

Te Aumangea 117–18
Tīmoti Kāretu

E koro, Tā Apirana 118–19
nā Tīmoti Kāretu mā Te Rerenga Kōtuku

Te koha mai a Tāne-rore ki te ao Māori 119–22
nā Tīmoti Kāretu mā Te Rerenga Kōtuku

E tātou, e te ure tārewa, e te ure tū 122–24
Tīmoti Kāretu

E te hunga whakawā 125–26
Tīmoti Kāretu

Pokokōhua ana koe e te mate 126–28
Tīmoti Kāretu

Hokahokai nei au ki te pakikau o tōku whare 129–31
Tīmoti Kāretu

E te iwi Māori auē he aha tēnei? 133
Ngoi Pēwhairangi rāua ko Napi Waaka

Māori mā 134–35
Ngā Tūmanako

Te Mātauranga o te Pākehā 136–37
Tuini Ngāwai

Te urutomo mai o te kiritea ki roto ki te ao Māori 137–39
Tīmoti Kāretu

Nei au te takahi nei i ngā paparahi o ōku tīpuna 139–40
Tīmoti Kāretu

He Kaioraora mō Tūhoe 142
Hine-i-turama

He haka nā Tūhoe mō Te Whenuanui mā 142
Tūhoe

He Kaioraora nā Topeora nō Ngāti Toa 143
nā Topeora nō Ngāti Toa

E Mate Tamaroto? 145
Tīmoti Kāretu

Pūnaunau ana te whataroa a Manaia 146
Tīmoti Kāretu

E te Pono Nihowera 146
Leon Heketū Blake

Nanea ana a tia 147
Pānia Papa

Kikī ana te tātua o Hikakawa 147–48
Tīmoti Kāretu

Papaki kau ana ngā tai o mihi 148–49
Tīmoti Kāretu

Nei au Te Panekiretanga o te Reo 149–50
Tīmoti Kāretu

He Mihi

Nei ka noho, ka kao i ōku mahara, ka tuku ai kia rere ki ōna papa, ki ōna kapa, ki ōna tāngata huhua noa nā reira nei i taea ai tēnei kohikohinga whakaaro te tuku ki te ao mā reira nei e whakatakē mai, e whakahē mai, e whakanui kē mai rānei. Ahakoa pēhea te waiaro mai o te tangata ki ngā kai o te pūkiore kōrero nei, ka tohu mai tērā ki a au kua tirohia, ā, mā te aha i tērā.

Ki te kore te ao haka, kua kore pea i pēnei te nui o te kōrero, o te kupu ka takoto ki te whārangi hei kai mā ngā mata o ngā uri ā te wā ki a rātou. E te ao haka, tēnā anō rā koutou katoa e kawe tonu nei i tēnei puipuiaki a tātou ki ōna taumata kē noa atu e whakamīharotia ai tō koutou kaha, tō koutou wairua auaha, tō koutou aroha anō hoki ki tō tātou reo.

Nā ō tātou pakeke te tohutohu mai kei whakahuahua ingoa, ka mahue ko ētahi ka pāmamae ko ērā. I whai wāhi atu au ki ōna taniwha o te ao haka, i tōku iwi tonu, i iwi kē atu anō hoki, ā, nā te aroha nui mai ki a au, ka tuku noa mai i ā rātou kupu, i ā rātou waiata, i ō rātou whakaaro ki te huri o te ao haka, ki ōna pai, ki ōna kore i pai. Kei roto i ngā kōrero aku mihi ki te hunga nā reira nei au i whakauru nui mai, nā reira e kore e whakarārangitia i konei.

Ka hoki mai rā au i Ingarangi, ka whai wāhi atu ki ngā wānanga a ōku koroua, kuia o roto o Tūhoe i te wā e tino nui mai ana rātou. E rua ngā momo wānanga, ko tētahi ko ōna take, ko ngā kōrero a te iwi mō te iwi, ko tētahi ko te whakaako mai i ngā haka, i ngā waiata, i ngā manawawera a te iwi, me te aha puha ake ana te kete tikanga, te kete kōrero a Tīmoti. Kei hea kē he waimarietanga i tua atu i tēnei, inā ko te whāinga ko te ao o Tāne-rore, o Hine-te-iwaiwa, o Hine-mārekareka, o te kete kōrero a Tūroa, o te onetū a Paetahi?

Kia hoki noa mai au ki te wā nei, ki te hunga i āki nei i a au kia puta i a au he kōrero, ā, nā tērā ka whānau mai ko te pukapuka nei. Ko taku ringa katau, ko taku ringa mauī, o roto mai i Te Panekiretanga o te Reo, ko Pānia Papa rāua ko Te Heketū Blake, ngā manu karu hōmiromiro kei tūpono hapa i a Tīmoti he hapa! Ora ana au i a rāua, nā konei ka mihi rā.

Ka ahu te titiro ki a Sam Elworthy me Auckland University Press, ki te kaupapa anō hoki o Kotahi Rau Pukapuka e āki nei kia nui noa ake ngā pukapuka ki te reo Māori. Ka mihi ki te hunga e whakamāori kōrero nei i raro i te maru o tēnei kaupapa kia whai pukapuka ai te ao ako i te reo, te ao matainaina anō hoki ki te kōrero pukapuka ko tōna reo, ko te reo Māori.

E kore e taea e au te kore i mihi ki aku karawa, ki a Tākuta Te Wharehuia Milroy rāua ko Ahorangi Pou Temara, nā mātou nei te waka o Te Panekiretanga o te Reo i uaki. Ko ērā tekau mā rima tau o te noho tahi me te whāngai i tā mātou i mōhio ai ki ā mātou akonga, he wā e kore e wareware, ā, e kitea whānuitia nei ōna hua. Kei rīria tātou he mihi nāku ki a kōrua, engari mā te aha i te whakahua kau noa i ō kōrua ingoa i te nui o te tautāwhinga mai.

Ko te tokorua nā reira nei au i whakapakeke, i whakatangata, ko Mauwhare rāua ko Tame Kāretu. Ko tā rāua i taea ai e rāua te homai, i homai e rāua, me tōku nā tino whiwhi. Inā tukuna te tamaiti ki tāna i pai ai, engari me te tohutohu atu anō kei hē i konei, kei hē kē rānei i kō, he mea nui, ā, tipu ake ana te tamaiti, takahia ana e ia ngā ara o te tika, o te whai hua ki a ia, he mātau nōna e tautokona ana ia. Nōku te waimarie i pērā mai ōku koroua ki a au.

Ko ngā kapa i whai wāhi atu ai au i roto i ngā tau i whakaaweawe nui mai, ā, taea ana e au te whakatau me ahu pēhea i roto i ngā mahi, arā, ko ēhea āhuatanga me whai, ko ēhea me ruke, ko ēhea me paku panoni kia rite mai ai ki tāku i te pīrangi.

E te ao haka, tēnei rā ka mihi, ka mihi i te mea, i te mutunga iho, mā koutou kē ōku whakaaro, āku kōrero e whakaae, e tautoko, e tītai kē rānei.

Kia tīkina noatia ake i tētahi o ngā waiata a Kōhine Pōnika:

Takahia! Takahia, e tama mā!
Whai ake, e hine mā
Tō kākahu tāpiki ūhia kia mau
Kei taka, ka ngaro e . . .
Ka huri!

Nā Tīmoti
Mahuru, 2020

He Kupu Takamua

Kāore e kore a rae ka puku, a manawa ka wera, a pihi ka tū i ngā kōrero, i ngā whakaaro o te tangata kotahi kua whakapetihia mai, kua whakawhāitihia mai ki konei. Hei aha atu māku, tāngarengare mai i konā tāngarengare mai ai, nōku anō ōku whakaaro, kei tēnā atu anō ōna, tēnā ōna, engari mena kua hia tohe mai, whakahē mai rānei, tētahi o te hunga kōrero i ngā kai o te kohikohinga kua takoto nei, ā kāti, kua ea te wāhi ki a au i tērā!

Ā tēnā, nā te aha au i kaha whai ai i te ao o te haka?

I a au i te kura o Kōkako i Waikaremoana, ka tīmata taku rongo i te pai o te haka me te waiata ā-ringa ki a au. I taua kura, whakaakona mai ai ki a mātou ngā waiata ā-ringa o te wā e waiata whānuitia ana e te motu me ētahi anō hoki o ā mātou ake waiata o ō mātou marae o Te Kūhā me Te Waimako. Ko au i tipu ake i Te Waimako, i te marae o taku whaea whāngai, ko Te Kūhā te marae o taku matua whāngai. Ko te kaiwhakaako i a mātou i te marae o Te Waimako, ko Mac Moses, e mōhio whānuitia ana ko Mēke.

Nā, i a au ka titiro whakamuri ki aua wā rā, he nui tonu ngā waiata a Tuini Ngāwai i te waiatatia e mātou, engari kāore hoki mātou i te mōhio nā taua wahine rongonui rā aua waiata e waiatahia rā e mātou heoi anō, i tō te tamariki āhua, he waiata.

Ka haere te wā, ka hoki mātou ki Waimārama, ki te taha Kahungunu o taku matua. Nā, kāore i paku rite a Waimārama ki Waikaremoana ā-reo nei, ā-tikanga nei, kāore hoki i kaha whai i te taha haka pērā i Waikaremoana rā. Ko ngā waiata i whakaakona mai i te kura nā ngā kaiwhakaako Māori, te nuinga he wāhine, ka haere mai ki reira whakaako ai i mua i te haerenga ki ngā whare takiura, ki reira āta whakaakona ai ki te whakaako. Ko rātou ngā kaiāwhina i ngā kaiwhakaako whai tohu.

Ko te nuinga o ērā i haere mai i ngā kura Māori pēnei i Hukarere me Te Aute, ā, whakaakona mai ana ki a mātou ngā waiata i ako ai rātou i te kura. Ko te nuinga kua ako kē mai au i Kōkako, nō reira he wā tōna ka tonoa mai au kia paku āwhina atu nā runga i taku mōhio kē ki te waiata i te whakaakona.

Ka haere rā au ki te kura tuarua Pākehā, ā, e rima tau ki reira kāore i tino whai i ngā mahi haka i aua tau rā. Whai mai i tērā ko aku tau i te whare wānanga me te whare takiura kia puta ai au hei kaiwhakaako ki roto i ngā kura tuarua.

He kapa haka i te whare takiura o Te Whanganui-a-Tara, engari kāore he pērā i Te Whare Wānanga o Wikitōria i aua wā rā. Ka noho mātou, ka puta te whakatau me whakatū he kapa motuhake mō te whare wānanga, ā, i te tūnga, ka noho ko Tā Eruera Tirikātene, ko te Minita mō ngā Mahi Ngahere, hei kaumātua mō mātou.

I whakakotahi ngā kapa e rua i ngā wā tū ai he hui nui pērā i te tau i noho tangata whenua ai Te Whare Wānanga o Wikitōria i te hui ā-tau a ngā akonga Māori o ngā whare wānanga o te motu i te tau 1958. Ko te kapa o Te Whare Takiura i kaha i te mea he wāhanga nō ngā whakaakoranga i a rātou te taha haka, engari i te whare wānanga kei te āhua tonu o te wātea mai o te tangata. Nā tēnei āhua, ka tohua ko au hei kaiwhakaako i ngā kapa e rua.

Ka puta mai au i te whare wānanga me taku tohu kaiwhakaako, ka haere ki taku mahi tuatahi i te kura tuarua o Taumarunui, ā, i rua tau au ki reira. I a au i reira, ka tonoa mai au kia āwhina i te wahine nei, i a Maramena Rangi i roto i āna mahi whakaako haka. Ka tū te kapa ko Te Rangatahi, ā, ko te nuinga o ngā kaihaka nō roto mai i te kapa o Ngāti Hauā, he kapa tū ai ki ngā mahi whakataetae i te Hui Aranga a te hāhi Katorika i ia tau.

Ko Maramena nō Te Arawa, ko tana tāne nō roto mai o Ngāti Tūwharetoa. Kātahi nā te wahine tau ki te haka, ā, i waenganui i ngā tāne ko Bob Jones, ko te tama whāngai a Pei Te Hurinui, kia haka nei ka tino rangona te wana.

He kapa i tū i runga noa i te hiahia hui tahi he haka te mahi, ā, ngahau ana tērā te noho koirā te whāinga matua. Ko ētahi o ngā waiata nāku i whakaako, ā, ko ētahi nā Maramena me te hunga mai o Ngāti Hauā. E kore e wareware i a au te manaaki mai, te whakarangatira mai a ngā iwi o Taumarunui i a au i reira, waimarie rawa atu ana au.

Ko te tino whāinga mai i a au, ko te reo; ehara hoki taua kāinga rā i te kāinga kōrero Māori i aua wā rā, ā, koirā anō hoki te whāinga mai i a au i te whare takiura me te whare wānanga, engari anō a reira, i autaia tonu te tokomaha o te hunga kōrero Māori, engari ko te nuinga kāore kau.

Atu i Taumarunui ka haere au ki Rānana, ā, ko tōna āhua waru tau nei au i reira ka hoki mai. I a au i reira ka haere mai ētahi o tētahi rōpū i tū ki reira i ōna wā, engari kua kore kē i a au i tae atu ai. Ka hui tahi mātou, ka whānau mai ko Ngāti Rānana, e tū tonu nei. Noho ana ko au anō te kaiwhakaako, ko te reo anō te take. He nui ngā mea tau ki te haka, engari kāore he reo.

I ōku tau i reira, i kaha mātou ki te whakatuwhera i ngā kūaha ki te hunga pīrangi kuhu mai, ā, nui ana a Pākehā mā i uru mai. I te āhua o tērā momo kapa, ka haere mai ētahi, ka ngaro atu ētahi, ā, i ōna wā eke kē ana ki te toru tekau mā rima ki te whā tekau nei, ā, he wā anō waimarie inā ka eke ki te tokowaru tāngata. Ko te kairakuraku he Pākehā nō Rotorua, ā, me tino mihi tōna mānawanawa me te pai o tana mahi!

Ka hoki mai rā au ki te wā kāinga, ki tētahi kura tuarua i Kirikiriroa, ki Fairfield College. I a au i reira, ka tōia atu au e Wī Huata ki tana kapa, ki He Toa Takitini, ā, ko te tau ko 1969. I te tau 1970, ko te pōwhiri a te ao Māori i Te Whare Ariki o Kuini Irihāpeti Te Tuarua i tū ki Tūranga. Kāore au e toai i konei i ngā kōrero mō taua hui rā, engari kei roto i ngā tuhinga ka whai mai nā reira ka waiho ki reira.

I te tau 1972, ka tū te kapa o He Toa Takitini ki ngā whakataetae o te motu, arā, ki te Polynesian Festival, i Rotowhio i Rotorua. Kāore i eke i a mātou, ka mutu kotahi wiki noa iho e haratau ana ka whakateka ki te tū! Heoi anō, nā te mea he tangata tino whakapono a Wī Huata haere atu ana mātou i runga i te whakapono, kaua i te tau, i te pai ki te haka!

I a au i Fairfield College, ka tonoa mai au kia whakaako i tētahi karaehe reo Māori i Te Whare Wānanga o Waikato. Ka toru tau tērā mahi, ka pūmau te tūranga i whakawhiwhia mai ki a au e Te Whare Wānanga o Waikato i te tau 1972. Ka noho au ki reira ā tae noa ki te paunga o te tau 1987.

Kia paku kōmuri nei te kōrero. I te tau 1974, ka tāia te kawa o te whare o Tūwaerea i te marae o Hui-te-Rangiora i Kirikiriroa, ā, ko te kapa whakatau i te hunga whakaeke, ko Te Iti Kahurangi. Nā, ko tērā kapa he kohikohinga tāngata hiahia tūtaki noa he haka te mahi, ka mutu ko ngā wāhine he taipakeke tonu, he wāhine haka i ōna wā, engari nā ngā āhuatanga o te wā kua roa e kore e haka ana ka hiahia nei ki te huihui koirā te mahi. Ka noho ko au anō te kaiwhakaako.

Nā Te Arikinui, nā Te Atairangikaahu te kawa i tā, ā, i taua rā rā, ka tono mai ia mena ka whakaae au kia haere ki te paku āwhina i a Taniwharau kapa e haratau ana ki te haere ki Whangārei, ki ngā whakataetae o te motu i tū ki reira i te tau 1975. Kua mārō kē te haere o ngā mahi a Taniwharau, ka whakaaro au he whakapōrearea noa iho tāku, engari i reira kite ana au i tā Waikato whakatika, whakaako anō i a ia. Ko te hunga tohutohu he kaihaka nā Te Puea, nā reira pai ana te whakarongo ki ngā kōrero i puta me ngā whakamārama o ētahi o ngā waiata.

Kia hoki ake ki Te Whare Wānanga o Waikato. Kāore he kapa haka ake a te whare wānanga, engari he kapa i te whare takiura; ka tonoa mai au e Wī Huata māku tērā kapa e āwhina, e whakaako. Ko te nuinga o ngā tamariki i haere mai i ngā kura Māori, nō reira kua taunga kē ki te haka; ko te mate nui kāore he reo o te nuinga.

He nui ngā akonga o te whare takiura haere mai ai ki ngā whakaakoranga o te whare wānanga, ā, ka haere te wā, ka toko ake te whakaaro i a rātou kia tū he kapa motuhake mō te whare wānanga. Nā, ka tū ko te kapa o Te Whare Wānanga o Waikato, ka noho ko au te kaiwhakaako. Kei ngā tuhinga nei te roanga atu o aku kōrero mō tēnei kapa.

I te paunga o te tau 1987, ka haere au ki Te Whanganui-a-Tara ki te whakatū i Te Kōmihana Reo Māori e kīia nei ko Te Taura Whiri i Te Reo Māori i ēnei rā nei. Ahakoa aku tau i reira, i haere tonu te kapa, ā, nō te tau 2005, ka whakamoea. Hoki tonu mai ai au i Te Whanganui-a-Tara ki ngā harataunga a te kapa.

I a au i Kirikiriroa, ka whakaterea te waka o Te Ahurei o Tūhoe, ka whakakao mātou i a mātou, i ngā uri whakaheke o Tūhoe i Waikato e noho ana, i ngā wāhi tata mai anō hoki e taea ai te haere mai ki ngā harataunga, ka whānau mai ko te kapa o Tūhoe ki Waikato. Kāore i aukatia mai ki ngā uri noa iho o Tūhoe, engari tukuna ana kia uru mai ko ngā hunaonga, ko ngā taokete, ko ngā hoa, engari me whai rātou katoa i ā Tūhoe tikanga, ki te kore i pai ki tērā hei aha i whaiwhai mai ai.

Ko ēnei kapa e rua ko te reo Māori te reo o te kaiwhakaako, arā, i te kapa o Te Whare Wānanga o Waikato me te kapa o Tūhoe ki Waikato. Nō te tangata haere mai anō tōna mate ki te kore i mārama mai, waiho atu ana mā ētahi atu o te kapa ērā e āwhina i ngā wā o te kore mōhio.

I taea ai ngā kapa e rua te whakaako, te whakahaere, tū ai te ahurei i ia rua tau, nā reira ka āhua māmā i tērā. I noho ko au anō te kaiwhakaako, me te kaha āwhina mai anō a ētahi atu i ōna wā.

Ko te tino kaupapa he whakaako i tā Tūhoe tū, i tā Tūhoe kawe i te waiata, i te haka, i ngā tikanga, me te ako anō i ngā haka me ngā manawa wera ake a Tūhoe kia mau ai. Ko te tino ū ki ērā te whāinga, kia mōhio ai ngā uri o waho atu i Te Rohe Pōtae o Tūhoe me aha ka hoki mai ana ki ō rātou ake marae, he whiriwhiri anō hoki i te taukaea o te matemateāone kia noho renarena tonu ai, i te mea kaha ana te marara o te iwi ki wīwī, ki wāwā. Noho ana ko te ahurei hei tō mai anō ki te wā kāinga, atu rā i ngā mate whawhati tata.

Whakaritea ai kia kotahi te waiata me kawe te katoa o ngā kapa whakataetae kia mau pai ai taua waiata, taua haka, taua manawa wera, aha kē rā rānei, mō te tūpono tūtaki noa ki te marae o iwi kē e kotahi ana te waiata, te haka, te manawa wera e taea ana e te katoa. Ka pēnei te tangata ka ōrite te kawenga o te waiata, he aha hoki, ko Tūhoe rā hoki! Ka haere mai tēnā kapa me tāna paku raweke i te rangi, tēnā me tāna, mea rawa ake kua hia kē nei ngā rangi o te waiata kotahi!

Ka tohutohuhia mai mātou o Tūhoe e Te Rangihau kia kaua te pēnei, kia kaua te pērā nā te mea, ā, e mau tonu nei ērā whakaakoranga. Ko te mate o te tangata he waingōhia te whakaawetia mai ōna e tangata kē, e whakaaro kē, e tikanga kē ki te kore e tū i tā te toka moana, ka ū ki tāna i whakapono ai, ki tāna kua whakaakona mai e ōna kaiwhakaako me ngā whakamārama anō i te taha. He tere te whakawaia o te Māori e ngā āhuatanga hou i tana whakaaro, pōhēhē kē rānei, ka wana ake, ka tau ake inā pērā. I wā rātou nei hoki!

Kua roa au ki te nohonga o te kaiwhakawā me taku tino mōhio ki te uaua, ki te hōhā o tērā mahi mena kāore te kapa tū mai i te eke ki ōna taumata e taea ai te āta whakawā. Ki a au nei, kua kore i tukuna te kaiwhakawā kia mahi i tāna mahi, engari kīia mai ana kaua e heke iho i te mea nui ahakoa te tino hē nei o te kapa. Haere mai ai ngā kapa kia whakawātia, nō reira, e ngā kaiwhakawā, whakawātia!

Nā, ko aku titonga kei roto i ngā tuhinga ka whai mai, nā reira ka waiho ki reira hei whakawā mai mā te tangata.

Kua whakaraerae nei au i a au anō ki ngā karaepaepatanga kupu mai a Ngāi Whakahē mā, a Ngāi Whakatakē mā, engari e pai noa iho ana tērā ki a au, ki te kiri e uka ana, e matatengi ana anō hoki! Ko tāku kē e mea nei, kāore au i haere noa mai i te rori ka tītai noa i aku whakaaro ki te takiwā, engari e whai noa ana me kore e tūpono he paku āwhina kei roto!

E rua ngā mahi kāore i āta tirohia, arā, ko te haka me te poi. Kāore ōku nā paku mōhio ki te poi, engari e mōhio ana au he aha i pai ake ai te poi a mea kapa i tā mea nā runga tonu o te ātaahua mai ki a au, ki te kūare. Kāore e kore ka kīia tēnei kōrero āku he pāpaku, engari kei te huri tonu, te pakopakō tonu, me te tau o ngā wāhine e poi mai rā. Ki a au nei, o te katoa o ngā mahi ā-rēhia, ko te poi kei te ora rawa atu, engari ahakoa whakamīharo ki te rere ki hea noa iho nei, tū mai ana he kapa mōhio ki tāna mahi, tere tonu ana te kitea o te tohungatanga o taua kapa ki tāna e mahi mai rā.

Kei te nui ngā kōrero mō te haka kua takoto i te pukapuka a Tā Wira Gardiner me tērā a Tā Tīmoti Kāretu, nā reira i whakaarotia ake ai kia waiho tērā ki rahaki. Kei te kaha te haka i roto i ngā whakataetae, me te rangona o te wana me te ihi i te nuinga o te wā, engari kei konā anō ōna kapa mutunga kē mai nei o te maroke, o te wana kore. Heoi anō ki te kore ērā o tērā momo, kua kore i kitea he whakaihuwaka, nē hā?

Kia paku hoki noa ake nei aku kōrero ki ngā haka a te hunga haere ki ngā momo kura tuarua pērā i tērā i kuraina nei au. E mihi rawa atu ana ki te hiahia ki te haka, me te take i hiahia ai ki te haka, arā, he whakatumatuma, he eneene riri ki te ito, ki te kura e whakataetae atu nei rātou, kia tū mai hoki ko ērā ki te haka mai, ka haere ai ko te tākaro me te haka. Tauwhāinga mai ana, tauwhāinga atu ana.

Ko te mātāmua o ngā rōpū hutupōro o te motu nei kei te waimarie i a Tā Derek Lardelli hei kaitito i tā rātou haka me te āta whakamārama atu he aha te tikanga o tā rātou e haka ana. Neke atu ana i te kotahi rau tau tēnei rōpū e haka ana, mai i 'Tau ka Tau' ki 'Ka Mate', ki te titonga a Tā Derek Lardelli, mai i te tino kūare ki tōna māramatanga o te wā nei. Ko te mea nui, kua autaia tonu te haka mai, ā, kua whakakoretia te peke kurī noa iho i te otinga o te haka. He tohu tērā e hiahia ana kia tika, me taku mihi ki tērā whakaaro.

Ko te nuinga o ēnei momo kapa haka, me ētahi tonu anō hoki e haka mai ana i ngā atamira o te tātāwhāinga, kāore i te mārama te puta mai o te kupu, nō reira piere nuku ana tērā te whaiwhai haere i te kupu e taka mai ana i ō rātou waha. He wareware, he kore tonu rānei i mōhio, he kore tonu kē rānei i kīia atu e te kaiwhakaako, e te kaitohutohu, ko te kupu anō kei mua i ngā mea katoa.

E kore au e hōhā ki te whakaputa i tērā kōrero, ko te kupu te mea nui, nō reira ko tērā kia pūratarata, kia mātau mai ai te hunga whakaoko ki tāu e hiahia ana ki te whakatakoto ki mua i ō rātou aroaro. Ki te kore hoki, he aha te hua o tāu e haka nā, ka pēnei i tā Te Heketū i kī ai, kua rite ki te tītoi – ko koe anake kei te rongo i te reka!

He tangata au nō te momo hōhā kore i te mātakitaki haka, engari me āhua pai mai anō hoki te kapa tū mai ki mua i a au e rongo ai au i te pārekareka mai i taua kapa rā. Inā tū Māori noa mai, pērā i ngā ringa wera o runga i ō tātou marae, ko te painga atu tērā; haere ana te ringa, haere ana te waewae, puta ana tōna anō wana, engari e haka mai ana i te ngākau mihi i te taenga atu, i te wehenga mai rānei i te marae. E haka ana mō te mana te take, te mana o te marae, te mana o te iwi o taua marae rā.

Kāore pea he whakarangatiratanga i tua atu i tērā o te noho hei kaupapa waiatatanga, hakatanga, pāteretanga rānei mā tētahi kapa!

Ko te rangatiratanga ka ahu mai i te nohonga o te tangata ki te kimi kupu e hāngai ana, e whakamānawa ana, e pāikeike ana i te tangata.

Whakamīharo ana au ki te nui o ngā waiata kua titoa i roto i ngā tau mō ōna āhuatanga katoa, ā, e titoa tonutia nei ka ara ake ana he āhuatanga e whakaarotia ake ai me whakanui ki te waiata, ki te haka, ki te ngeri, ki te waiata ā-ringa rānei. Mā te ngaro rawa pea o te reo e mutu ai tērā mahi, te tito.

Ka pātai pea te hinengaro o te hunga ka tirotiro i ngā kōrero o runga ake nei, he aha i whakatakotohia mai ai? Me kī, ko tāku tātai tangata tēnei o roto mai i te ao haka i taea ai e au ōku nā whakaaro te whakaputa, āku nā kupu te whiu. Kua noho kē au hei tātātanga mā aku kaumātua, mā ngā tohunga o ia mahi, nō reira kia aro nui au ki tā te korekore i opa mai ai, engari mō tēnā!

Me kāti ake rā i konei, kua nui te kōrero kua takoto, ko te kōingo ia o te ngākau, ka paku whaihua ki te hunga aro nui ki te ao o Tāne-rore, o Hine-mārekareka, o Hine-te-iwaiwa.

'He tai nā te rākau e taha i te rākau, ko te kupu makere ia mā te kupu anō e ngaki.'

Te Waiata ā-Ringa

'Ka huri au ka titiro, ka huri au ka whakarongo,
Ka huri au ka tahuri ki te awhi mai
I aku aha? I aku mahi, a ōku tīpuna e!
Te haka tēnā! Hei! Te poi tēnā! Hei! Te mahi ā-ringaringa e!
Te hiki i taku mere, i taku taiaha, te wana, taku ihi e
Pupuritia!'

Kei ēnei rārangi nei ngā kupu toitoi a te kaitito, a Kōhine Pōnika, kia puritia ngā mahi a Tāne-rore, a Hine-mārekareka, a Hine-te-iwaiwa. Ko tēnei waiata āna e mōhiotia ana puta i te motu, e rite tonu ana te waiatatia, te tohu o te waiata e kaingākautia ana. Ka waiho ki raro i ēnei kupu e whakaūpoko nei te titiro ki te waiata ā-ringa i roto i ngā kōrero ka whai ake.

Ko te wāhi ki te kupu te whāinga matua me ōna paku kōrero mahuki, engari ko ngā rangi, ko ngā kupu mā te hunga iri mārō te manawa ki ēnei taonga e aruaru atu ā tona wā.

Ahakoa he aha te hui a te Māori, ki hea rānei tū ai, ka haere te wā ka tatao te kōrero, ka pāpaku te kōrero, ka puku te rae, ka rere te kupu whakatakē, ka pakaru mai te kata, ka tūria ko te haka, ko te waiata ā-ringa kē rānei, engari riro ana mā te waiata, mā te waiata ā-ringa, mā te haka kē rānei e whakaū, e whakatau ngā kōrero i puta. Koirā tō te Māori āhua.

Huri i te motu kei tēnā iwi āna anō waiata ā-ringa, kei tēnā anō āna, engari i hōrapa tēnei mea te waiata ā-ringa ki ngā tōpito katoa o te motu nei, ā, taea ana te kī koia nei pea o ngā mahi a Hine-rēhia te mea e manako nuitia ana e te ao Māori whānui, koia nei te mātāmua i te ao Māori o te wā nei.

Nā, e ai ki ngā kōrero, ko te waiata ā-ringa i tīmatahia mai e Tā Apirana Ngata rāua ko Te Puea Hērangi. I mua i te āta kawenga o tēnei mea, o te waiata ā-ringa, pēnei i a tātou e kawe nei i ēnei rā, kāore he ringa whakaahua mārika mai i te tikanga o ngā kupu i te waiatahia – he whakatautau noa tā tēnā, tā tēnā i runga anō i tāna i whakaaro ai, me te haere anō hoki o te karu i te taha hei whakawana. I ēnei rā, kei te mau tonu tēnei āhuatanga, engari kei te ngaro haere i waenganui i ngā whakatipuranga tamariki, arā, te whakawana i te waiata i runga anō i te hiahia o te ngākau me te āhua mōhio he aha i hikitia mai i taua wāhi rā o te waiata. Ahakoa kua ngaro tēnei āhua i roto i ngā waiata ā-ringa o ēnei rā, kei te mau tonu inā waiata te tangata i ngā waiata koroua.

Ko tētahi o ngā take kei te patu haere i tēnei āhua, ko te mate haere o te reo i waenganui i tēnei whakatipuranga, ā, kua kore i aro i ētahi he aha tā rātou e waiata rā, ki hea hiki ai, ki hea hoki whakawana ai ki te karu, ki te haere rānei o te ringa. Hāunga pea ia ngā tamariki ahu mai i ngā kura rumaki, tōna tikanga ko ērā e pūahoaho ake ana he aha te aha i a rātou e haka mai rā. Aua atu, ko te waiata ā-ringa kei te kaha te mau ahakoa ko ētahi āhuatanga kei te uru mai ki tēnei mahi kāore i te tino pai ki te mātakitaki atu a ētahi.

Ko ōna ture anō, i a mātou e tamariki ana, i takoto i te wā e whakaakona mai ana te waiata ā-ringa:

- kei teitei rawa ngā ringa ka kitea te huruhuru o ngā kēkē, wāhine mā
- kei takahi ko ngā waewae e rua, kia kotahi noa, ko te katau

- kei ahu atu ko te kapu o te ringa ki te hunga mātakitaki
- kei wiri noa ko ngā matimati, ko te katoa o te ringa me wiri
- kei noho ko te ringa koko hamuti hei ringa matua

Nā, e mōhio ana tātou katoa ko ēnei kei te takahia e ngā kapa o te wā nei, e whāia kētia ana ko te ātaahua o te tū ā-Pākehā nei i inā noa atu ai te roa o ngā kamonga, i warea ai ngā wāhine ki te pūtiki i ngā makawe, tē tuku iho ai kia whakamīharotia i te mea ko te ātaahua o te wahine kei ngā rauru, kei te taiea o te āhua me tōna tau ki te haka. Ināhoki ki te warea ki konā whakapīwari noa iho ai i te mutunga iho, ahakoa pēhea, he maroke te maroke! Ahakoa pēhea te pani mai ki ōna whakaataahuatanga ka maroke mai ai, ko te maroke o te tū te mea ka maumaharatia, hei aha mā wai ake nei te pīwaritanga!

Kua roa te wā e haria ana ko te rangi Pākehā hei hoa mō te kupu Māori. Ki ngā tohunga o mua, i te mea he mōhio ngā tamariki ki ngā rangi kua tere te mau o te waiata. Heoi anō te mate, mena rā he mate, ko ngā mea kāore e mōhio ki te kōrero Māori, ki te whakarongo rānei ki te reo, ka pōhēhē kei te whakamāori kē te kaitito Māori i ngā kupu Pākehā ake o taua rangi e waiatahia mai rā. I ēnei rā, nā ngā mahi whakataetae me ngā whakahau a ngā mea whai mana ki ēnei mahi, kua kore haere te tiki poka noa i te rangi Pākehā, engari kua tahuri haere anō ngā kaitito Māori ki te āta tito i ā rātou ake rangi.

Ko ngā mahi whakataetae e tū nei ki tēnā wāhi, ki tēnā wāhi kei te whakatītina i ngā kapa haka kia āta tito waiata, nā reira e rite tonu nei te titoa o te waiata. Ahakoa ētahi kī ai ko te mate o ngā mahi whakataetae he patu i te wairua Māori o roto o ia mahi, ko te mea kē kei te nui te titoa o te waiata, engari harore rangi tahi ana nei te nuinga, te tohu o te kore i paingia e te marea, kei reira kē hoki te ora roa o te waiata, kei te hiahiatia mai e te hea. Ko te nuinga ka whānau mai i te kapa nā reira nei i tito, ka ora ki reira, ā, mate atu anō hoki ki reira, tē whitikina e ngā hihi o te rā o te ao whānui.

Ko tētahi āhuatanga kei te kaha te uru mai, ko te whakarāhui a ngā kapa i ā rātou titonga kei riro noa i ētahi atu. I ngā tau ki muri, mena he waiata pai kua hōrapa, whakahīhī ana te kaitito i te mea nāna te waiata e matea nuitia ana, koinā kāore ngā titonga mai i Te Matatini i te mau i ngā iwi o te motu. Ko ētahi e kore tonu pea e pīrangitia nā te rangi, nā te kore i mārama o ngā kupu, nā te aha kē rānei.

Ki ētahi kua roa e noho whakawā ana i ēnei mahi, kei te kī kua rere kē noa iho te whiu o te ringa, ā, kua kore noa iho ngā ringa i whakaata i te tikanga o ngā kupu e waiatahia mai rā e te kapa haka e haka mai rā. E whakaae ana au ki tēnei whakapae a aua kaiwhakawā rā, arā, kua haere noa iho ngā ringa ki te takiwā haere ai pēnei i te aha kē nei. I kaha ai te pēnei o ētahi kapa he kore nō ngā kaiwhakaako e mōhio ki te reo Māori, ā, nā reira kua kore i mōhio me pēhea he ringa hei whakaata i tā rātou e waiata rā. Ākene ā tōna wā, kua tae kē mai rānei taua wā, kua haere noa iho ngā ringa me te kore nei e paku hāngai ki ngā kupu kei te waiatahia mai rā.

He whakapae tāku kia whiua atu ki te aroaro o te ao haka. Ko ērā e waiho ana mā tangata o waho kē atu i te kapa ngā kupu e tito, kei te whakahāngai i ngā ringa ka kitea mai ki te whakapākehātanga a te kaitito i āna kupu. E whiua atu ana tēnei whakapae ki te aroaro o ngā kapa kāore i te pērā rawa te kaha o te reo Māori, me te kī me aha kē atu oti?

I a au i noho tuatahi ai hei kaiwhakawā ki ngā whakataetae whakanui i te rā o Te Arikinui, o Te Atairangikaahu, i te marae o Tūrangawaewae, ka kī mai te kaumātua tohutohu mai i a mātou, a Piri Poutapu, ki te pakipaki te kapa he tohu tērā he māngere ki te kimi ringa, kāore rānei i mōhio me pēhea he ringa, nā reira kua pakipaki kurī noa iho, nā, kei arohaina atu tērā āhua e ngā kaiwhakawā!

Ka whakatū rā au i taku kapa, i Te Whare Wānanga o Waikato, ka noho mai ērā tohutohu ki roto i a au, nā reira i tata kore ai te pakipaki i roto i ngā titonga a Tīmoti, ko 'hau tonu anō hoki ki te kimi mai i ngā ringa kei riro noa iho te waiata i te pakipaki paraurehe noa iho nei!

Ko te iwi i kaha te hari i tēnei mea, i te waiata ā-ringa i tōna wā, ko Ngāti Porou. Ka tika tonu inā hoki ko tētahi o ngā tāngata nāna tēnei āhuatanga i kitea mai ai ki waenganui i ngā iwi o te motu, nō roto mai ia o Ngāti Porou, arā, ko Tā Apirana Ngata, whai mai hoki i a ia ko te wahine tohunga ki te tito waiata, ko Tuini Ngāwai, engari taihoa anō ngā kōrero mō Tuini. Koinei te iwi kaha te hari i tēnei mahi i te rāwhiti, ā, i te nekunekutanga o te rā, ko Te Puea Hērangi me tāna kapa haka i takahi nei i te nuku o te whenua ki te whakapeti moni hei whakatū i te marae rongonui, whakahirahira o te motu, i Tūrangawaewae.

Ehara i te mea kāore ētahi o ngā iwi o te motu i uru mai ki roto i ngā mahi nei. Korekore ana pea tētahi iwi kotahi nei o te motu kāore i whai i tēnei mahi, i te waiata ā-ringa.

Nā, he aha anake ngā rerenga kētanga o tēnei iwi me tēnā iwi?

Ki roto o Ngāti Porou ka hiki te waewae katau, otirā katoa ngā iwi hiki i te waewae hiki ai i te waewae katau, ko te mauī me tū mārō. Ki ētahi rohe anō o Ngāti Porou, tae atu ki Te Whānau-a-Apanui, he āhua teitei tonu te hiki o te waewae. Ko ngā waiata ā-ringa i whai i tā te haka pōwhiri taki i pēnei ai, arā, i teitei tonu te hiki o te waewae. Tēnā titiro ki ngā waiata pēnei me 'Haere mai rā te Kāwana e', me 'Ngā Whare Pā' me 'Uia mai koia'. Katoa ēnei waiata ka whai i tā te haka pōwhiri taki, ka uru mai ai hoki ko te wana, teitei tonu ana te hiki o te waewae. Ka mutu, ko Ngāti Porou kāore e toro ana ngā ringa ki waho rā anō i ngā wā katoa pēnei me ētahi atu iwi nei, engari ka āhua kōpiri tonu.

Ko tētahi atu anō āhuatanga kei tēnei iwi, me uaua kitea ai ki ētahi atu, ko te haere o ngā ringa i mua i te putanga o te kupu pēnei me 'Karangatia rā' me 'E horahora atu rā'. Nā, ahakoa i a Ngāti Porou i ōna rā, kua kore haere e kitea tērā āhua i ēnei rā tā te mea pea he uaua rawa ki ngā tamariki o ēnei rā, he aha kē rānei. Ko tētahi āhua anō o roto i a Ngāti Porou, ko te tū tama tāne a ngā wāhine, otirā kāore tēnei kōrero i hāngai ki a Ngāti Porou katoa, engari ki ētahi anō o ōna hapū.

Ki roto i ngā iwi o te Tai Hau-ā-uru, arā, atu i Waikato ka ahu pērā atu ki roto o Whanganui me Taranaki rohe, kāore kē te waewae e hiki ana, engari ka tū mārō, ko te rekereke noa iho rā ka paku piki. Ko te katoa o te waewae kāore e whakarere i te whenua. Ko ētahi o ngā kapa o roto mai o Te Arawa he hiki, ko ētahi kāore, engari ko tāku nā whakapae i ōna wā kāore te waewae i hiki, tae atu ki roto o Ngāti Tūwharetoa. Ka uaua tēnei tū ki te hunga kua waia nei ki te hiki i te waewae, ka mutu ka pōhēhē tonu te tangata e kore te waiata e wana ki te kore te waewae e hiki, engari he tino pōhēhē nei tēnei!

Ki roto i a au nei, i a Ngāi Tūhoe, ka hiki te waewae, engari he paku noa iho nei. Ko ngā ringa, ka haere whakawaho ana me toro ki waho rā anō, kaua e kōpiri. Kāore hoki a Tūhoe e toro ki ngā taha, engari ki mua tonu o te kaihaka. Ko te tino tohu o te hari a Tūhoe, ko te mauritau, kāore kē he kāhaki o tēnei mea, o te waiata ā-ringa. Tēnā koa, titiro koe ki ngā waiata a Kōhine Pōnika e waiatatia nei e ngā iwi o te motu, arā, ki 'Aku Mahi' me 'Karangatia rā' e mōhiotia nei e Tūhoe ko 'Tōia mai rā'. Katoa ēnei waiata he mauritau, ā, ki te hunga kāore i te waia ki tēnei tū hari i te waiata, kāore e kore ka pēnei, e hoa, e, ko te maroke, ko te whakaohere kē hoki! Engari ki ngā kaihaka mōhio, ka puta tonu te wana me te ihi.

He mea nui te paku mōhio ki te tū a tēnā iwi, me te tū a tēnā mō te tūpono haere atu ki te rohe o tētahi atu iwi whakaako ai, kua mōhio ki te tū a taua iwi rā. Anā kē te hanga hē, ko te haere atu ki tētahi atu iwi whakaako ai i tā iwi kē tū, tē whakaako kē ai i runga anō i te tū ake a taua iwi rā.

I te tau 1970 ka tū te pōwhiri a te ao Māori i Te Whare Ariki o

Ingarangi, me ōna whenua o raro i te maru o Te Karauna puta i te ao, arā, i a Kuini Irihāpeti Te Tuarua, i tana Makau, i ā rāua tamariki mātāmua i a Piriniha Tiare rāua ko Pirinehe Ani, ā, ko Tūranga-nui-a-Kiwa te papa i whakaritea ki reira tū ai te pōwhiri. I rohea te motu i runga anō i ngā roherohenga a Te Tari Māori o taua wā, ka whakatauhia kia kotahi rau kaihaka mai i ia rohe, ka noho tekau ngā rohe, kotahi mano ngā kaihaka, engari ko Te Tai Rāwhiti i whā rau te tokomaha ko rātou nei hoki te tangata whenua.

Ka tonoa mai au e Wī Te Tau Huata hei āwhina i te whakaakoranga i te kapa mai i te rohe o Tainui, ā, ka whakatauhia kia rima tekau mai i Te Whare Wānanga me Te Whare Takiura o Waikato, ā, kia rima tekau mai i te iwi whānui o Tainui. Nāku ō te whare wānanga me te whare takiura i whiriwhiri, ā, nā Wī ērā o roto mai i te iwi o Tainui.

Ka tae ki te harataunga tuatahi, ka kitea he raru tō te kapa, ko āku i whiriwhiri ai he hiki te waewae; i haere katoa mai hoki te nuinga i ngā kura Māori pērā i Tīpene, i Wikitōria, i Hukarere, i Te Aute me Hato Hōhepa, ā, kua taunga kē ki te hiki i te waewae. Ko ā Wī i haere mai i ngā rohe katoa o Tainui, ā, he mārō te tū kāore te waewae e hiki. Ahakoa pēhea, kāore i taea te takahi o te waewae te whakaōrite, nō reira whakatauhia ana ko Tainui ki tāna, ki te kore e hiki, ko ngā tamariki o te motu ka hiki. Ahakoa te kore i tau o te pērā, ki a au nei, kāore i taea te aha atu i te tuku, nā, pai tū, pai hinga ana, engari i pai tū – ki a au nei rā!!

Hei whakaaro ake, ki te akona ngā waiata a tētahi atu iwi, haria taua waiata rā i runga anō i te hari a te iwi nāna te waiata. Kei pōhēhē noa ka taea taua waiata te whakapai ake, engari ki te kaitito o te waiata, he mauri tō taua waiata rā, kei roto anō hoki i taua waiata rā ōna whakaaro me āna kōrero, ā, ko wai te tangata kia raweke, ka takahuri ai!

He aha oti te mea nui o tēnei mea, o te waiata?

Ehara i te ōrite o te hiki o te waewae, te huri o te māhunga, te ōrite o te heke ki raro, o te piki ake anō rānei ki runga. Ko te mea nui kē, ko te kupu kia mārama, kia hāngai ki te kaupapa kia pai ai te whakarongo atu a te hunga e noho rā, e whakarongo rā, e mātakitaki rā. Kei roto hoki i ngā kupu ngā whakaaro o te hunga e waiata rā, kāore i roto i ngā ringa, i te hiki rānei o te waewae nā reira ko te mea tuatahi, kia tika ngā kupu, kia mārama anō te whakahua. E tino mōhio ana hoki tātou, ki te kore he kupu kua kore he waiata, he aha rānei. Ko te kupu anō te mātāmua, kia rite tonu te toaitia o tērā kōrero e au!

Hei whai mai i te tau me te hāngai o te kupu, ko te wana me te ihi. Ahakoa pēhea te ōrite o te huri o te māhunga, te hiki o te waewae, te wiri o te ringa, ki te kore e uru mai te wana ki roto i te waiata ka memeha, ka waimate noa iho te waiata. Kia puta ai te wana me āta mōhio anō te tangata ki tāna e waiata rā, arā, me āta mōhio ki ngā kupu me te tikanga anō hoki o aua kupu rā kia taea ai te tino whakatinana. Mā tēnei āhua, me te pai o te kaitātaki ki tāna mahi, ka mōhio te kaiwaiata ki hea hiki ai, ki hea pūkana ai, ki hea pōtētē ai, ki hea whakatautau ai.

E uaua ana te whakamāori ā-kupu nei i tēnei mea, i te wana, i te ihi. He āhuatanga ka rongo te tinana, te ngākau o te kaimātakitaki i te wā e haka mai rā te kapa. Ko taua āhua o te kapa e uru mai ai te hiahia ki te kaimātakitaki ki te peke atu ki te taha o te kapa, haka mai ai i taua wā tonu rā. Nā, ko te kaihaka ka riro tōna katoa i tāna e haka mai rā, ka ngaro te aroaro whenua ā tutuki noa. I kī ake rā au piere nuku ana te whakakupu i te wana, engari ka rangona inā puta!

Kāore e kore mai rā anō i te tīmatanga ki te ako i tēnei mea, i te waiata ā-ringa, i tīmata anō ai te ako ki te pūkana me ērā atu āhuatanga anō o roto i tēnei mea, i te whakangahau Māori. Kei te mōhio katoa tātou e kore te wahine e whētero, mā te tāne anake tērā āhua. Engari kua kaha te uru mai o te whētero putuputu ki roto i ngā mahi, ā, ahakoa ōku koroua kāore i pai ki tērā āhua e pai ana ki te ao haka o te wā nei. Ko te tikanga ia o te pūkana tāne me tāpapa tonu te arero ki waho, pērā anō i ngā whakairo a ō tātou koroua rā. Ko ngā tāne tohunga ki te haka me uaua kē ka kitea e whētero ana, ka waiho kē rātou mā ngā karu e whakawana tā rātou i haka ai. Arā anō hoki tētahi atu take i pēnei ai, ki te whētero noa iho te katoa, kua kore he tāngata hei hari i ngā kupu, kei te warea katoa rā hoki ki te whētero, kua haumate noa iho te haka. I kō ake rā hoki i kīia ko te mea nui kē o ēnei mahi ko ngā kupu, nō reira ko ērā tonu kia mau, kei tukuna kia whati, ka aituā, e ai ki ō tātou tīpuna!

Ko tā te wahine mahi he pūkana ā-karu nei. Otirā kei te mōhiotia kāore i tau ngā wāhine katoa ki te pūkana. Nā te wā anō i whakarite ko wai kē rātou ngā mea pai ki tērā mahi. Kua kite au i ētahi kōtiro e pūkana ana me te whētero anō, engari nā te kūare noa iho tērā momo pūkana he kore i āta tohutohutia e te kaiwhakaako. Ko ētahi ka heke ki raro rā anō, tata ana te tou te pā atu ki te oneone, engari ko tā te wahine pūkana he whakahau, he whakawai i ngā tāne. Ko ngā wāhine tau nei ki te pūkana e tino whakakite ana i te ātaahua o tēnei mea, o te wahine, ki tō te Māori whakaaro.

E hia kē nei ā tātou kōrero, mai i tēnā iwi, i tēnā iwi, e kī ana i hinga te wahine, te tāne rānei, nā te pai me te tau ki te haka. I ēnei rā tonu, kitea ana te ātaahua o te wahine, tāne anō hoki, tau ki te haka me te tangi a te ngongoro mai i te hunga mātakitaki.

Ki ētahi iwi, ka tū mai he manu ngangahu ki ngā taha o te kapa tū mai ai, ā, heoi anō tā rāua, tā rātou rānei, he pōtētē, e ai ki te kaiwhakaako i a au. Ko te pōtētē he āhua rite anō ki te pūkana, engari ko te mea nui kē o tēnei mahi he whakatautau, arā, ka whati ngā turi, ka moe ngā kanohi, engari kāore ngā kanohi e pūkana. Kua kore haere rā tēnei momo wahine, ko tāna hoki, ko tā te manu ngangahu he whakahau, he whakawai anō hoki i ngā tāne kia kaha ake ai, kia wana ake ai te haka.

Ko te mea nui kē o tēnei mahi, kaua aua wāhine rā e haere mai ki mua o te aroaro ā-kapa ki reira ārai mai ai i ērā o ngā kaihaka, ko te wāhi kē mō rātou ko ngā taha, arā, ka haere whakamua mai, ka hoki whakamuri atu, ka haere rānei mā waenganui i ngā kapa o muri, engari korekore ana nei e haere mai ki mua rā anō, takatakahi haere ai i ngā mea o reira. Ko tōna tikanga kē hoki, ko rātou hei ārai atu i te hoa riri ki te tūpono rātou te whakaekea mai mā aua taha rā, arā, kua noho ko rātou hei kaitiaki mō te kapa haka. Katoa ēnei wāhine ka mau rākau, arā, ka mau patu, mere rānei ki te ringa.

Kei takahia te aroaro ā-kapa, koirā te tohutohu mai a ngā kaiwhakaako, ko ngā tino o te kapa kei reira e mātai ana he aha te aha. I ēnei rā nei, kua kaha te pērā, ko te kaitātaki kei mua tonu e ārai ana, e whakapōrearea noa iho ana, he wareware nōna ki te kōrero, 'Mā ngā raho ka tū te ure,' arā, e kore ia e rangatira ki te kore tana iwi, tana matua, ka tū tahanga noa iho i konā tū ai. Ki te tū ia ki muri kua tiakina ia e te aroaro ā-kapa, ko te rangatira me ora tonu kia rere tonu ai te waiora rangatira.

Nō te taenga mai ki ngā mahi whakataetae nei kua uru mai ngā āhuatanga rere kē katoa. Ko tētahi mea nui hoki kaua te kapa haka e wehe, e tōtara wāhi rua, e ai ki a Te Rangihau, arā, ko tētahi wāhanga e whakawātea atu ki tētahi taha, ā, ko tētahi wāhanga ki tētahi atu taha, engari ia me noho tōpū tonu nā te mea kei te tōpūtanga, kāore kē i te takitahitanga, te kaha o te kapa, o te matua. He rite hoki ki te whakaeke marae nei, ka whakaeke tōpū tonu te ope kia maru ai te marae, ā, kia noho kaha tonu ai mō te tūpono whakaekea e te tangata.

Ko ētahi āhuatanga kua uru mai mō te āhua ki ngā kupu me ngā ringa. Ka hoki anō taku kōrero ki tāku i kī ai i runga ake nei, ko te mea nui kē o ngā mahi nei ahakoa waiata i runga i te marae, ahakoa waiata ā-ringa, ahakoa haka, ahakoa waiata ngahau noa iho rānei, ko ngā kupu. Kua nui rawa ngā waiata kua kōhurutia e te kore mōhio, e te hunga kūare, ā, kua tae tēnei ki te wā kia whakatikatikahia aua waiata rā. Ki te hiahia tūkino, takahi rānei i ngā waiata a te tangata, e tito i āu anō waiata hei takatakahi māu, engari kāti tēnei mahi ki ngā waiata a ētahi kē atu.

I pēnei ai taku kōrero he aroha nōku ki ngā kaitito waiata kua tūkinotia nei ā rātou waiata e te huhua noa iho. Ka mahi te tangata i tāna waiata, kei a ia anō ōna whakaaro tae atu hoki ki te wā e mahi ringa ai ia mō tana waiata. Mehemea kotahi noa iho tana papaki ko wai te tangata kia haere mai ki konā whakarua ai? Kua nui rawa ngā kapa haka kua kite au e waiata ana i ngā waiata a ētahi, ā, ka aroha kē aua waiata rā i te hē noa iho o ngā kupu, hāunga ia ngā ringa!

Ka hoki ōku whakaaro ki ngā whakataetae haka a ngā kura o Tāmaki-makau-rau i tū ki te kura o Māngere i te tau 1977. Nō te mutunga o te wāhanga whakataetae, ka tonoa a Tīpene rāua ko Wikitōria kia whakakotahi hei whakangahau mai i a mātou i a mātou e tatari rā i ngā whakatau a ngā kaiwhakawā. Te tūnga mai o te hanga rā ko tā rātou waiata ko 'E Te Hokowhitu a Tū', engari ko te arohia o tētahi kupu kotahi nei, korekore ana! Me taku whakapae anō hoki i roto i a au, kāore nei i te paku aro i ngā kaihaka tā rātou i waiata ai, ā, kātahi nā te hanga tino aroha. Ehara i te mea ko ēnei anake ngā kapa haka kei te pēnei te kūare, he nui tonu puta noa i te motu, ā, kua riro mā te hunga whai māramatanga tēnei āhuatanga e porotū, e whakamutu, e whakatika. Ināhoki, ki te tukuna kia haere tonu, kua kore noa iho ā tātou waiata e whaikiko, e whaihua ki a tātou, kua waiata kupu tikanga kore noa iho tātou. Nō reira, e kare mā, kia kaha ki a koutou, ko ngā waiata a tōu nā iwi, tiakina, manaakitia, hei aha? Hei taonga māu, me ō tamariki me ō mokopuna ā te wā ki a rātou, engari i tua atu i tēnei, hei taonga e whakahīhī ai te tangata.

Ka noho māua ko te wahine rongonui o Te Whānau a Ruataupare, a Ngoi Pēwhairangi ka homai ia i ngā tohutohu whakaako waiata ā-ringa nei ka tono mai ki a au kia whakamāoritia, ā, anei e whai ake nei mei kore noa e whaihua ki te hunga whakaako kapa haka:

1. He rere kē te whakaako a tēnā kaiwhakaako, he rere kē anō hoki te whakaako a tēnā kaiwhakaako.
2. Ko ētahi kaiwhakaako, whakaako ai i ngā kupu i te tuatahi; ko ētahi atu ka whakaako kē i ngā kupu me ngā ringa i te wā kotahi.
3. Ahakoa he aha te tū whakaako, ko tōna tikanga me ōrite i te mutunga o te whakaako, arā, kia wana te hari me te waiata.
4. I te wā e akona ana ngā kupu, e tika ana kia whakamāramatia te tikanga o ngā kupu, o ētahi rārangi rānei, kia āhei ai te hunga ako te mōhio pai ki taua waiata me ōna tikanga katoa. Hei ētahi waiata, ko te hōhonutanga o te kupu kāore e tino whakaatuhia mai ana, e tika ana kia whakamāramatia tēnei āhuatanga ki a rātou mā e ako rā i taua waiata. Mā te tino mōhio rā anō ki te waiata ka taea ai te whakapuaki te whakaaro me te hari hoki i te ihi, i te wana.
5. E tika ana anō hoki kia whakamāramatia te kaupapa, ngā kaupapa rānei, i titoa ai taua momo waiata. He nui ngā momo waiata ā-ringa, ā, ki te whakamāramatia ki te hunga e ako rā he aha taua waiata rā me te kaupapa i titoa ai, ka pai ake tō rātou mōhio me pēhea te hari, me pēhea hoki te waiata. Hei whakatauira ake, ko ētahi o ngā waiata he waiata aroha, e pā ana rānei ki te pakanga, ki te pōwhiri manuhiri, ki te poroporoaki rānei, he waiata whakamaharatanga rānei, he waiata whakanui rānei i tētahi hui, arā, te whakatuwhera whare, he waiata whakahoki i ngā kupu makere, he waiata whakahāwea rānei, he waiata whakaoho i te iwi, he waiata whakanui rānei i te tangata. Ko ētahi noa iho ēnei, arā atu anō ētahi.
6. I te wā e ako ana ko te mea nui tonu, ko te tika o te whakahua.
7. I te wā e akona ana ngā ringa me te takahi, ko te mea nui kē ko te takahi kia kore ai e rangirua, e taupatupatu, e kāhaki rānei.

8. E tika ana kia whakamāramatia te tikanga o ngā ringa me te hāngai anō hoki o aua ringa ki ngā kupu. Me whakaatu anō hoki i ngā ringa kāore e tika ana.
9. Ko ētahi āhuatanga o tēnei mea, o te waiata ā-ringa e tika ana kia āta tirohia ko te tū, ko te hiki o te waewae katau, ko te whai o ngā whatu i ngā ringa, ko te whakatū o ngā ringa, ko te wiri o ngā ringa, ko te kati o ngā ringa (arā, te wā tika kia kopi, kia tuwhera rānei). Mā te kaha o te ako i ēnei tū āhuatanga e mau pai ai.
10. Me whakamārama anō hoki te pūkana me te whati o te hope, ā, me tino mōhio ngā mea ako āhea ēnei āhuatanga mahia ai i roto i te waiata.
11. He mea nui te whakamārama i te rere kē o te tū a tēnā iwi, a tēnā iwi kia mōhiotia ai aua rerenga kētanga. He mea nui anō hoki te mōhio nō hea te waiata, ā, nā tēhea iwi.
12. He nui ā tātou kaihaka o ēnei rā kua kaha rawa te tū hōia mai, tū kōpiri mai hoki i runga anō i ngā tohutohu a ō rātou kaiwhakaako. Tū rawa mai ki te haka kua ngaro te ngako, te ihi, te wana, ko ēnei rā hoki ngā tino taonga o roto i tēnei mahi.

Pēnei i a tātou nei, i te kākano i ruia mai i Rangiātea, e kore te waiata ā-ringa e ngaro, engari ka ora tonu i tōna anō ora i roto i ngā tau e tū mai nei.

'Awhitia ngā taonga
Kei memeha ka ngaro
Kei tūkinotia e te ao
Puritia tō mana kei riro e
Kia mau! Kia mau, auē!'

Ngā Waiata ā-Ringa o ngā Pakanga Nui e Rua o te Ao

'Whakarongo ake au ki te ao e kori nei
Mō te mana o Tiamana e
Hinga ko Pōrana, muri ko Wīwī
Puta ana ko te mamae e
Papatu te moana me runga i te whenua
Tae noa ki te takiwā
Puritia Ingarangi tō mana kia mau
Kei riro rā
Pā mai tō reo Te Moana a Kiwa, haere rā
E te iwi e, āwhinatia rā te karanga a Ingarangi e'

Nō paku tata atu i Te Pakanga Tuatahi o Te Ao te waiata ā-ringa tuatahi i waiatahia ai, engari e autaia tonu ana te mōhiotia e ō ēnei rā nei reanga ngā waiata o taua pakanga rā tae atu anō hoki ki ētahi o ērā o Te Pakanga Tuarua.

Ko tēnei e whai ake nei he mea waiata i te wā i tū ai te poroporoaki ki ngā hōia Māori o Te Ope Tuarua i te tau 1915, i te marama o Mahuru, i Te Whanganui-a-Tara, ā, ko ngā kupu nā Paraire Tomoana o roto o Ngāti Kahungunu ki Heretaunga. He nui tonu ngā waiata i titoa e te tangata nei, ā, ko tētahi noa iho tēnei o āna waiata kei te waiatatia tonuhia i ēnei rā:

I runga o ngā puke ka pā mai tō reo
Hau maiangi hei kawe mai
He reo aroha e pātai ana mai,
'He aha tāu e pīrangi nei?'
Kia awhi kau atu ki tō tinana i ngaro
E ngaro nei rā i ēnei rā
Ko tōu aroha, ko tōku aroha
Ka mutu pea, auē te tau

Waiho mai, e tama, ō kupu oati
I runga o ngā puke i tangi ai tāua
E haere ana koe ki runga o te pakanga
Tō reo aroha karanga mai
Kia awhi kau atu ki tō tinana i ngaro
E ngaro nei rā i ēnei rā
Ko tōu aroha, ko tōku aroha
Ka mutu pea, auē te pai

Kitea ana i ngā kupu he waiata aroha, he waiata poroporoaki anō hoki.

Ko te nuinga o ngā waiata o tēnei wā i riro nā Tā Apirana Ngata rāua ko Paraire Tomoana i tito, otirā te nuinga o ā rāua waiata kei te mau tonu, kei te waiatatia tonuhia i ēnei rā e ō rāua iwi anō.

Kua tata te rua tau e whitawhita ana te ahi o te pakanga ka kitea he nui tonu ngā hōia i te mate, parekura kē ana i te mahi a te pakanga me ngā momo mate e pāpā haere ana ki ngā hōia. Hei whakahau i te iwi o te kāinga nei kia haere hei hōia, ka titoa he waiata. Heoi anō, kia mōhio mai koutou, i te wā o tēnei pakanga, kāore ngā iwi o te motu i whakamahia kia haere pēnei i te Pākehā nei. E ai ki te kōrero, kotahi tonu te iwi i āta ākina kia haere, ko Waikato. Ko Te Minita o aua wā ko Tā Māui Pōmare, ā, nāna me te Kāwanatanga o te wā taua whakatau rā. Katoa ētahi atu iwi o te motu i haere ki te whawhai i runga tonu i tō te tūao hiahia. Kāti, nō te kitenga iho kua kaha rawa te itiiti haere o te tangata, ka puta ake te whakaaro kia tonoa atu he hōia hei āwhina, hei tautoko i ērā i tāwāhi rā, ā, nā reira ēnei waiata i puta ai. E toru ngā whiti o te waiata nei – ko te tuatahi me te tuarua nā Tā Apirana i tito, ko te tuatoru nā Paraire Tomoana. Atu i te whakahau i ngā taitama kia haere ki te pakanga, ko tētahi anō o ngā mahi a te iwi kāinga he whakaemi moni hei hokohoko taonga hei tuku ki ngā hōia i whenua kē, ā, e kīia ana ko te waiata nei anō tētahi o ngā waiata i waiatahia i ngā whakangahau i tū hei kohikohi moni. E ai ki ngā kōrero i te rohe noa iho o Te Tai Rāwhiti e waru mano pāuna kē te nui o te moni i kao. Anei ngā kupu o te waiata whakahau nei:

Te Ope Tuatahi nō Aotearoa
Nō Te Waipounamu, nō ngā tai e whā
Ko koutou ēnā ngā rau e rima
Te Hokowhitu Toa o Tūmatauenga
Hinga ki Īhipa, Karipori rā ia
E ngau nei te aroha me te mamae

Te Ope Tuarua nō Māhaki rawa
Nō Hauiti koe, nō Porourangi
Haere Hēnare me tōna iwi
Putu ki te pakanga, Paranihi rā ia
Ko wai hei mōrehu hei kawe kōrero
Ki te iwi nui e, taukuri e

Te Ope Tuaiwa nō Te Arawa
Nō Te Tai Rāwhiti, nō Kahungunu
E haere ana au ki runga o Wīwī
Ki reira au nei tangi ai
Me mihi kau atu ki te nuku o te whenua
Hei konei rā, e te tau pūmau

Ki te āta tirohia ngā kupu nei ka kitea tonuhia te aroha e pupū ake ana i roto i ngā kupu, te whakatinanatanga o ngā whakaaro o te kaitito.

Nā, i te wā o te pakanga nei ka hinga mai te tama a Maku Ellison rāua ko tana wahine, otirā ko tā rāua mātāmua tonu, ko Whakatomo. Ko ēnei tāngata nō Ngāti Kahungunu ki Heretaunga, ā, he tino hoa hoki nō Paraire Tomoana. I te mea i te tangihia tonuhia a Whakatomo e ōna mātua ka aroha atu a Paraire, ka titoa e ia tana waiata aroha mō te tamaiti a ōna hoa. Ko te waiata nei kei te kaha tonu te waiatahia i ēnei rā, engari e te hunga āhua taipakeke tonu, kaua e te rangatahi he kore tonu hoki pea nō rātou i whakaakona ki te waiata nei. I te wā o te pōwhiri a te iwi Māori ki a Kuini Irihāpeti me tana whānau i tū ki Tūranga i te tau 1970, koinei te waiata poroporoaki a te katoa o ngā kaihaka ki a ia me tana whānau i te mutunga o ngā mihimihi a te iwi Māori ki a rātou. Kotahi mano ngā kaihaka nā rātou te waiata nei i hiki i taua rā, ā, wana kē ana ahakoa he waiata tangi kē!

E pari rā ngā tai ki te ākau
E hotu rā ko taku manawa
Me tangi noa ahau i muri nei
Te iwi e he ngākau tangi noa
Tēnā rā tahuri mai

E te tau, te aroha
Tēnei rā ahau te tangi nei
Mōhou kua wehe nei
Haere rā mahara mai
E te tau, kia mau ki a au
Haere rā, ka tūturu ahau
Haere rā

Ngaro noa, koe, e tama
I ngā marae nei
Ko te aroha, e tama
E pēhi kino nei
Kei Īhipa koe, e tama
Kei Karipori rā
Kei Paranihi, e tama
Haere, haere rā

Nā, nō te hokinga mai o ngā mōrehu i te pakanga, i tū tētahi pōwhiri nui ki a rātou i Tūranga i te tau 1919, i te marama o Paenga-whāwhā, ā, ko te ingoa i hoatu ki taua hui rā, ko Te Hui Aroha. Ko ngā kupu nā Tā Apirana Ngata i tito, ā, tae mai ki Te Pakanga Tuarua o Te Ao i te waiatatia tonuhia te waiata nei:

E tā mā, he mārie
Nā te Ariki koutou i tohu
Kia ora tonu
Nā te aroha o te Kaihanga
Kia ora rā koutou

Nau mai, e te iwi
Ki te marae, Pae o Te Riri
Mai ōnamata
Whiua te aroha ki ngā hōia
Kia ora rā koutou

E te iwi, kia toa
Whāia ko te kaha
Whiua te aroha ki ngā hōia
Kei wiri rā 'hau
Kia tangi tātou
Kia ora rā koutou

Nā, ko te wā mai i te mutunga o Te Pakanga Tuatahi ki Te Pakanga Tuarua, he wā kāore i tino nui ngā waiata kei te mau tonu, engari kua kaha kē hoki te hōrapa o te waiata ā-ringa ki ngā iwi o te motu.

I ngā tau o muri mai i Te Pakanga Tuatahi, i te puta haere a Te Puea, Ariki Tapairu o Waikato, me tāna kapa haka; ko te kaupapa o ā rātou nei mahi he whakapeti moni hei whakatū i te marae o Tūrangawaewae, hei whakatū anō hoki i te whare o Mahinaarangi. Nō te 18 o ngā rā o Poutū-te-rangi i te tau 1929, ka tāngia te kawa o Mahinaarangi whare, ā, i pau katoa mai ngā iwi o te motu ki Tūrangawaewae ki te mihi, ki te tangi, ki te whakanui i a Waikato mō te ātaahua o tō rātou whare. Katoa ngā waiata i hakahia haerehia ai e Te Puea me tana kapa haka, me Te Pou o Mangatāwhiri, i hakahia anō i te kawanga o Mahinaarangi.

Ko tētahi o āna waiata i tito ai ko tēnei e whai ake nei. I waiho kē e Waikato hei waiata poi, engari nā ētahi atu anō o ngā iwi o te motu i tāpiri atu he ringa, ā, e mau tonu nei ngā ringa mō ngā whiti e rima. Katoa ngā whiti i titoa ai e Te Puea kei konei. Ko ngā kupu o te waiata nei nā Te Puea tonu i tito, ā, i waiho e ia hei mihi māna ki tōna tungāne, ki a Te Rata, ko ia nei te tuawhā o ngā Kīngi, engari e whakahāngaihia ana e ia reanga ki te Arikinui o tōna anō wā. Nā Te Kirikōwhai Kīngi, nā tētahi o ngā kaihaka o te kapa o Te Iti Kahurangi i homai ngā kupu me te rārangi mai o ngā whiti i te takiwa o te tau 1974.

E noho e 'Rata te hiri o Waikato
E huri tō kanohi ki te hau ā-uru
Ngā tai e ngunguru i waho o Te Ākau
Auē! Hei! Auē!

Tō pikitanga ko te ao o te rangi
Tō heketanga ko Karioi maunga
Tō hoenga waka ko Whāingaroa
Auē! Hei! Auē!

E huri tō kanohi ki Pirongia maunga
Ki Te Rohe Pōtae, ki Arekahānara
Ki te hāona kaha o te runga, runga rawa
Auē! Hei! Auē!

Takahia atu rā te moana i Aotea
Kia whatiwhati koe i te hua o te miro
Te tihi o Moerangi, te puke okiokinga
Auē! Hei! Auē!

Pākia ō ringa ki Te Kauhanga-nui,
Te Paki o Matariki, ngā whakaoati
Ko Kemureti rā tōna oko horoi
Auē! Hei! Auē!

Piua ō mata ki Kāwhia moana
Ki Kāwhia kai, ki Kāwhia tangata
Ko te tumu tēnā a ō tūpuna
Auē! Hei! Auē!

E tū tō wae ki te kei o Tainui
Tēnei tō hoe ko te Tekau-mā-rua
Ngā tai e ngunguru i waho o Kārewa
Auē! Hei! Auē!

E hoe tō waka ki Ngāruawāhia
Tūrangawaewae mō Te Kīngitanga
Te tongi whakamutunga a Matutāera
Auē! Hei! Auē!

Arā atu anō ētahi o ngā waiata a Te Puea, engari me waiho ko tēnei hei whakatauira i te whakaaro o te wahine rangatira nei, ā, hei whakamārama anō hoki i ētahi o ngā kōrero e pā ana ki a Waikato whānui me te Kīngitanga.

I ēnei tau anō hoki, i te kaha te whakahau haere a Tā Apirana i ngā iwi o te motu kia whakatū whare whakairo ki runga i ō rātou nā marae, ā, kia tukutuku rawa a roto o aua whare rā. I te ngaro haere ēnei āhuatanga i waenganui i ngā iwi, ā, nō aua rā te tīmatatanga mai o te kura mō ngā kaiwhakairo e tū tonu nei ki roto o Te Arawa, ki Rotorua. Haere ai ngā tāngata i tohuhia e ō rātou nā iwi ki te kura nei ako ai i te mahi, ka hoki anō ai ki roto i a rātou mahi whare haere ai. Ko tētahi o ngā whare i oti i raro i tēnei whakahaere, ko te whare i te marae o Te Poho-o-Rāwiri, i Tūranga. Nā tēnei whare i whakatauira mai te āhua o ngā whare nei, ā, kāore i roa i muri mai i tērā ka oti a Mahinaarangi, a Te Hono-ki-Rarotonga i Tokomaru, te whare whakairo o Manukorihi i Ōwae-whai-tara, i Taranaki, tae atu hoki ki Tūkāki i Te Kaha, rohe o Te Whānau-a-Apanui, me Whitireia i Whāngārā, rohe o Ngāti Porou.

Ko ētahi o ngā whare nei he mea tā te kawa i te tau kotahi, arā, ngā whare o Tokomaru me Waitara. Ko te tau i tāngia ai te kawa o ēnei whare e rua, ko te tau 1934, ā, koinei anō hoki te tau i tū ai te hui nui i Waitangi hei whakamānawa i te waitohutanga o Te Tiriti o Waitangi.

He nui ngā waiata i titoa mō ngā hui maha nei, engari me hoki tātou ki te hui tā i te kawa o te whare o Te Hono-ki-Rarotonga. Ko tētahi o ngā waiata pōwhiri i ngā ope whakaeke ki taua hui rā kei te waiatatia tonuhia i ēnei rā. E ai ki ngā kōrero i titoa kēhia mō ngā hōia i tō rātou hokinga mai i te mutunga o Te Pakanga Tuatahi. Ko ngā kupu ake nā Tuini Ngāwai, engari he mea whakawhitiwhiti anō kia hāngai ai ki te kaupapa o te hui a Te Whānau a Ruataupare:

Karangatia rā, karangatia rā
Pōwhiritia rā ngā iwi nei
Ngā mano tini, haere mai
He hui aroha mōu, e Rarotonga
Ngau nei te aroha me te mamae

Nāu, e Pōtae; nāu, e Apirana
Wero ki taku uma, titi rawa te manawa
Oho ana te mauri, auē rā
Ngā ōhākī a ngā tīpuna
Ngau nei te aroha me te mamae

Haere mai, e ngā iwi, haere mai e te hui
Nau mai Rarotonga ki runga ki Tokomaru

Honoa mai te aroha, haere mai
Taonga tuku iho nā ngā tūpuna
Ngau nei te aroha me te mamae

Nō te mutunga o te hui a Te Whānau a Ruataupare ka whakarite ngā iwi ki te heke ki Te Hiku o te Ika, arā, ki Waitangi ki te whakanui i tērā hui. Ko te waiata pōwhiri mai a ngā iwi o Te Tai Tokerau i ngā ope whakaeke ko tēnei e whai ake nei. Ko te kaitito ko Tarau Tītore, ā, ko tōna kaupapa he pōwhiri i ngā iwi haere atu ki te hui, he whakamōhio atu anō hoki i a Ngā Puhi ki ōna kōrero mōna anō. Anei ngā kupu o taua waiata pōwhiri rā:

E kīia mai nei ka ngaro a Ngā Puhi
Waiho kia takoto he tīkoki waka nui
He tūturu whare nui ko Puhi taniwha rau
Ngā Puhi kōwhao rau

Ngā-Toki-mata-whao-rua te waka o Ngā Puhi
Te ariki o runga ko Nukutawhiti rā
I waiho, i whiria te paiaka o te riri
Te kawa o Rāhiri e

Hineāmaru te tipuna, Ngāti Hine te hapū
Tōna whakataukī, 'He pukepuke rau
Kei Taumārere herehere i te riri'
Te rere i 'Tiria e

Kei Hokianga rā, kei Taumārere
Ngā puna wai ora o ngā tīpuna

Ka mimiti tētahi, ka totō tētahi
Ka huri whakarua e

Haere mai, e te iwi, ki runga o Waitangi
Ki konei tātou whakanui tahi ai
E Te Tai Tokerau, pōwhiritia rā
Ngā iwi o te motu e

Ko Kawiti, Hone Heke, ko Wāka Nene
I hainatia ai Te Tiriti o Waitangi
Ka haina a Ngā Puhi puta noa i ōna rohe
Ka huri whakarunga e

I te wā i tū ai tēnei hui kua roa kē a Ngā Puhi e akoako ana, ā, nā Tā Apirana i whakarite kia haere atu ko Hēnare Te Ōwai ki roto o Ngā Puhi whakaako ai i tērā iwi ki ngā mahi haka me ērā atu mahi a te Māori. I a ia i reira, ka hinga mai tōna hoa pirihonga, a Pine Tamahōri. Nā te kore i āhei o Hēnare Te Ōwai te hoki ā-tinana atu ki te tangi ki tōna hoa, ka titoa e ia tana waiata tangi, e waiatatia tonuhia nei i ēnei rā e Ngāti Porou, otirā e ngā iwi katoa o te motu arā, ko 'Mā Wai rā e Taurima te Marae i Waho nei?' Anei ngā kupu o te whiti tuatahi:

I runga ahau o Ngā Puhi
Ka tae ake ō rongo
Ka piri mai ko te aroha
Ka kai kino e

I tēnei wā anō hoki, i te kaha te haere o ngā mahi whakataetae hōki i waenganui i te iwi Māori, ā, ko tētahi wāhanga o aua whakataetae rā he whakataetae haka. Ko te taonga i whakataetaetia ai e ngā rōpū, ko te kapu kōura whakamaumaharatanga ki a Arihia, wahine tuatahi a Tā Apirana. Nā, ko te wahine kua tīmata te hau haere o ōna rongo i ēnei tau nei, ko Tuini Ngāwai.

I runga ake nei, i kōrero au mō ngā whakataetae hōki i kaha nei te tū i waenganui i te iwi Māori i mua atu i Te Pakanga Tuarua me ngā tau hoki o muri mai i taua pakanga rā. I tū te whakataetae ki roto o Marotiri, ā, ko te ingoa o tētahi o ngā kapa whakataetae ko Marotiri, te ingoa o tō rātou maunga, e tū rā i runga tonu ake i te marae o Pākirikiri i Tokomaru. Ko te waiata a Marotiri i aua whakataetae rā ko tēnei e whai ake nei:

Mai i ngā rā o mua, e Ari'
ki tēnei rā
E rapa ana ahau i a koe
Kei whea rā e
Āe, ko tō wairua kei Matariki
Ko tō tinana kei roto o Waiapu
Auē! Rā te aroha nui, e Ari' e

Tū ake rā Marotiri
Ki te whawhai
Mō Arihia, mō Te Reiri
Kia kaha rā
Ko au nei, ko Marotiri
Ka tarai me kore rā au
e whiwhi ki te tohu aroha, e Ari' e
E tangi rā, Marotiri
Mō Arihia, mō tō Kuini

Ko tētahi o ngā waiata a Te Tai Rāwhiti i whakarite ai hei waiata mā rātou ki roto o Ngā Puhi hei whakanui i te tiriti ko 'Uia mai'. Ko tēnei waiata ā-ringa he haka kē, engari he mea huri hei waiata ā-ringa e Māhanga Hūhū, e Tai Pēwhairangi, e Mikaera Hūhū, e Sonny Bartlett me ētahi atu o te Tima hōki o Hikuwai. Ko ēnei tangata no Te Whanau a Ruataupare o Tokomaru. Anei ngā kupu:

Uia mai koia whakahuatia ake ko wai te whare nei e?
Ko Te Kani!
Ko wai te tekoteko kei runga?
Ko Paikea! Ko Paikea!
Whakakau Paikea. Hei!
Whakakau he tipua. Hei!
Whakakau he taniwha. Hei!
Ka ū Paikea ki Ahuahu, pākia!
Kei te whitia koe ko Kahutiaterangi
E ai tō ure ki te tamāhine a Te Whiro-nui
Nāna i noho Te Roto-o-tahe
Auē! Auē! He kōruru koe, e koro e

E ai ki ngā kōrero mai ki a au, ka rongo te koroua o Te Arawa, a Mita Taupopoki i te waiata nei, ka hiahia ia māna, nā reira ka whakawhitiwhitihia ngā kupu kia hāngai ai ki a ia, ki a Te Arawa. Anei ngā kupu a Te Arawa:

Uia mai koia whakahuatia ake ko wai te waka nei e?
Te Arawa!
Ko wai te tohunga o runga?

Ko Ngātoro-i-rangi! Ko Ngātoro-i-rangi!
Whakakau Tainui, Hei!
Whakakau Mātaatua, Hei!
Whakakau Tokomaru, Hei!
Ka ū Te Arawa ki Maketū, pākia!
Ko Tama-te-kapua te tangata o runga
Me awhi ō ringa ki te ruahine a Ngātoro-i-rangi
Nāna i noho te kei o te waka
Aue! Aue! Ka raru koe, e koro e

Kei pōhēhē tātou nō nā noa nei i tīmata ai te mahi harihari i ngā waiata a ētahi ka hurihuri ai i ngā kupu. Engari mō tēnā! Mai rā anō ō tātou tīpuna i pēnei ai, i hari ai i ngā waiata me ngā haka a ētahi atu iwi ka huri i ngā kupu kia hāngai ai ki a rātou. He aha ai? He pīrangi nō rātou ki taua waiata rā me ōna kōrero katoa i tīkina atu ai e rātou hei waiata anō mā rātou. Koirā te tohu o te pai, o te pīrangitia o te waiata, arā, ko te hari a ētahi i taua waiata hei waiata mā rātou me te kore rawa i wareware i a rātou nā wai ake, nō hea ake taua waiata rā.

Nā, me hoki aku kōrero ki te wahine rongonui o Te Whānau-a-Ruataupare, ki a Tuini Ngāwai. Nō ēnei tau nei i tīmata ai te hau o ōna rongo ki ngā tōpito o te motu, ā, mai i taua wā, tae noa ki tōna matenga, i te tau 1965, i titoa e ia tēnā mea te waiata. Ko āna waiata kāore kē i ārikarika, ā, ahakoa he nui tonu ana waiata, kāore i te mōhiotia e te iwi whānui, he nanakia tonu ngā mea kua hōrapa ki te motu whānui.

I waimarie au ki te haere ki Tokomaru noho ai mō ētahi rā torutoru nei, ā, ko tā mātou mahi i reira he kohikohi, he whakatikatika, he whakarāpopoto i ngā kōrero mō ngā waiata a te wahine nei. Nō te tau

1985 i puta mai ai tētahi pukapuka mōna me āna waiata tae atu hoki ki ngā whakamārama mō aua waiata rā. Nā tana irāmutu, nā Ngoi Pēwhairangi i mahi te pukapuka nei, ā, nā ngā mōrehu kuia o te kapa haka a Tuini i āwhina i te taha kupu me te taha kōrero. Ka kitea i ēnei wahine, he mauritau ano te hari i nga waiata a te wahine nei, nō ngā tau kē ki muri nei i tīmatahia ai te kāhakina e te hunga kore mōhio, engari taihoa anō ngā kōrero mō tērā āhua.

I te tau 1936, ka tīmatahia e Tuini tana kapa haka, a Te Hokowhitu a Tū, hei kawe i āna waiata, ā, hei whakangahau i ngā ope tae atu ki roto o Te Whānau a Ruataupare. O taua kapa rā kotahi noa iho pea te mōrehu o te tau i tīmata ai taua kapa haka rā i a au i reira, ko ētahi katoa rā o ngā kaihaka nō ngā tau kē o muri mai. Heoi anō, ko te kapa nei te kapa waiata i āna waiata i runga anō i tāna i whakatakoto ai, arā, he ringa kē tō ia rārangi, he hari kē tā ia rārangi. Nā, kua tae mai ki ēnei rā kei te mōhio noa iho tēnā ki ngā ringa o tōna rārangi me te hari anō hoki a tōna rārangi. I waimarie ai, i tuhia katoahia e tēnā kaihaka, e tēnā kaihaka ngā kupu ki roto anō i tāna pukapuka, ā, ko ngā mea kei te hapa i tētahi, kei te mau anō i tētahi tae atu hoki ki te rā, ki te marama, me te tau i titoa ai taua waiata āna rā.

Katoa ngā rangi o ngā waiata a Tuini he mea tiki atu e ia i ngā waiata Pākehā o aua wā, ā, i pēnei tonu ia ā mate noa. Waiho ai ia mā tāna irāmutu, mā Ngoi, he ringa e kimi mai, ā, kia oti rā kua tirohia e tōna whaea, ā, ki te kore te whaea e pīrangi, kua tahuri anō a Ngoi ki te kimi i tētahi atu anō ringa. Ko te aroha ōku ki te wahine nei, ko te tūkinotia o āna waiata e te hunga tamariki e hari nei i āna waiata me te kore nei e paku mōhio ki te tikanga o tā rātou i waiata ai. Kua tae tēnei ki te wā kia whakatikahia taua āhua rā!

I te tau 1936, i tū tētahi whakataetae haka ki roto o Ūawa, ā, ka haere a Te Hokowhitu a Tū ki aua whakataetae rā. I toa te kapa haka nei i aua whakataetae rā, ā, ko tā rātou taonga i riro mai ai i a rātou ko te kapu a

Kuatau Karaka. Ko tā rātou waiata ā-ringa ko tēnei e whai ake nei, ā, he waiata ātaahua hoki:

E horahora atu rā
Te rongo nui o te aroha
Te taonga i kapakapa ake ai
Taku manawa e
E koro, e Api e
Mōhou rā aku mihi
Ko te kaupapa rā
Kīhai i kitea e au e tū nei
Auē kei hea te iwi e?
Nā rātou te rākau
E tūkinotia nei
E au, e te kūare
Otirā te mea nui
Takatū ake rā ki ngā mahi nei

Nō te taenga ki te tau 1939, te tau i tīmata ai Te Pakanga Tuarua, kua roa kē a Tuini e tito waiata ana, ā, kua kitea kēhia tōna tohungatanga ki tēnei mahi e Tā Apirana. Otirā kua kitea noatia atu e Tā Apirana i te wā i tāngia ai te kawa o Te Hono-ki-Rarotonga whare, engari i tino puāwai tēnei taha ōna i te wā o te whawhai nei. Ehara i te mea ko ia anake te kaitito waiata i tēnei wā, i tēnā iwi anō ōna kaitito poroporoaki, waiata tangi, waiata pōwhiri mō ngā hōia. I te wā o tēnei o ngā whawhai i tino titoa tēnā mea te waiata, engari o aua waiata katoa rā ko ā Tuini ngā mea kei te kaha tonu te mau. Kāore e kore ko ā tēnā iwi, me ā tēnā kei te mau tonu i a rātou kua kore kē rānei i heke iho ki te reanga mokopuna, te hunga haka o te wā nei.

Ko tēnei tētahi o ngā waiata poroporoaki huhua i titoa hei poroporoaki i ngā hōia Māori i whakawhiti ki tāwāhi i te wā o te whawhai. Ko te kaitito, ko Kōhine Pōnika o Tūhoe ki Rūātoki, ā, he nui anō hoki āna titonga:

Kua rongorongo hoki ahau
E haere ana koe, e taku tau
Whakawhiti ana i Te Moana-nui-a-Kiwa e
Ka patupatu ake taku manawa
Ka whakarangirua i aku mahara
Auē, e tama, ko taku aroha kore rawa e mutu mai
Waiho rā mā te wā koutou, e tama mā
e whakahoki mai
Kia awhiawhi atu aku ringa nei
ki tōu uma piri ai
Ka patupatu ake taku manawa
Ka whakarangirua i aku mahara
Auē, e tama, ko taku aroha kore rawa e mutu mai

I tito waiata poroporoaki anō hoki a Tuini, ā koinei tētahi e whai ake nei. He mea haka ki te marae o Waiparapara, i Tokomaru, hei poroporoaki i ngā tama a Ngāti Porou e haere rā ki te mura o te ahi. He nui ngā waiata a Tuini i hakaina tuatahihia ki tēnei marae, nōna ake hoki tēnei o ngā marae.

Te rā i haere ai
Te tau aroha nui
Kikini ana rā te mamae e

Te kupu ki ahau
Kia pai, kia mau
Ko koe kei wareware rā ki a au
Ehara rā i a tāua
Te hē i pēnei ai
He whiu, he whiu i te katoa
O ngā tau aroha
Haere, e tama
Hei konei, e hine
Ko koe kei wareware rā ki a au

Koinei anō hoki te wā i titoa ai e Tuini tāna waiata tino rongonui o āna waiata katoa i tito ai. I tū anō tētahi poroporoaki ki ngā hōia Māori o te rohe o Ngāti Porou ki te marae anō o Waiparapara. I taua poroporoaki, i tū tētahi karakia nui i raro i te maru o te hāhi Ringatū, ā, nā te kaha nui o ngā tāngata i tae atu ki te marae, kāore i whakarongo atu ki te karakia. Nō te mutunga o te karakia, ka hoki a Tuini ki te kāinga, engari i a ia e hoki rā i te tau tonu mai ki runga i a ia te ihi me te wehi o taua karakia rā. Ka noho ia i te taha o te huarahi ki te whakatā, ā, ki te kohi anō hoki i ōna whakaaro. I a ia e noho rā, ka puta katoa mai ki a ia ngā kupu o tana waiata rongonui, o 'Arohaina mai'. I taua wā tonu rā, ka tuhia e ia ngā kupu, ā, nō te rā i muri mai, ka whakaakona e ia ki tana kapa haka, ki Te Hokowhitu a Tū. I waiatatia tuatahihia te waiata nei ki ngā hōia o 'C' Company, arā ki ngā tama ake o roto mai o Ngāti Porou i hui mai rā ki te marae o Waiparapara kia mihia ai rātou. Ko ngā mihi whakamutunga ēnei i mua i te whakawhititanga ki te pae o te riri.

He waiata whakaaroharoha tēnei, he waiata ātaahua. Ki a au nei, koinei te tino waiata ā-ringa o ngā waiata ā-ringa katoa. Mā te pakeke anō e hari ka rangona te wana me te rangaihi, kāore e taea e te tamariki, e te hunga rānei kāore i te mōhio ki te tikanga o ngā kupu. Aua atu, kei te mau tonu te waiata nei, ā, mā Te Hokowhitu a Tū kapa anō e waiata ka rongo te tangata i te tino ātaahua o te waiata nei:

Arohaina mai, e te Kīngi nui
Manaakitia rā ō tamariki e
Horahia mai rā te mārie nui
Ki Te Hokowhitu-a-Tū Toa

Ngā mamaetanga me ngā pōuri nui
Pēhia rawatia ki raro rā e
Me anga atu, ka karanga ki te Matua
'Auē aroha mai'

Ngā hapū katoa o Aotearoa e
Tauawhitia rā ko tōku rongo
Kia mau 'te Tihei Mauri ora'
A ngā tīpuna, he tohu wehi e

Nā, i te tau o muri mai, arā, i te tau 1940, i tū anō he poroporoaki ki ngā hōia o Ngāti Porou i te marae anō o Waiparapara. Ko te waiata poroporoaki, whakahau anō hoki, i a rātou ko tēnei nā:

Te Hokowhitu Toa mauria atu rā
Te pūeru o ō koutou tīpuna e
Te mana me te wehi e
Te mana me te wehi e
Hei hoa ki tawhiti nui, ki tawhiti pāmamao
Auē! Auē! Te aroha e ngau kino nei

Otirā i tēnei wā, haere rā
Mā te Kīngi o ngā Kīngi
Koutou e manaaki e
Ko te tangi tēnei a te ngākau e

Ka roa te pakanga e haere ana ka tipu haere te kino o te iwi ki a Hītara, otirā ki ngā mea nā rātou nei i tīmata ai te whawhai, ā, i hingahinga ai te mahi a te tama Māori. Hei whakatinana i taua kino rā ka titoa he waiata. Ko tēnei waiata nā Wī Moana, engari he nui ngā tāngata kei te pōhēhē nā Tuini.

Hītara waha huka, ūpoko mārō
He tangata tohetohe ki te riri e
Hinga atu, hinga mai ki runga o Rūhia
Ka pūrari ana mahi e, auē
Tū hikitia rā, tū hāpainga mai
Te rau o tō patu ki runga ki te ūpoko
Hoatu, e tama, karia te kauwae o te pūrari paka nei, a
Hītara e

Kua rongo a Matarini, kua tata tonu mai a Te Hokowhitu
Toa ki Rōma e
Hiki nuku, hiki rangi, kore rawa he rerenga
Ka wiri ana papa i te mataku e
Tū hikitia rā, tū hapainga mai
Te rau o tō patu ki runga ki te ūpoko
Hoatu, e tama, karia te kauwae
o te pūrari paka nei, a Hītara e

Kāore e kore ko ngā whakaaro katoa o te iwi whānui i whakaatahia e tēnei o ngā waiata huhua a Tuini. He āhua rite anō te kaupapa o tēnei ki tā Wī Moana, arā, he waiata mō Hītara me āna mahi weriweri katoa i mahi ai i taua wā:

Ngā rongo o te pakanga nei
Ka kapakapa te manawa e
Ka māharahara te tinana e
Auē! Auē! Te aroha e
Ka raparapa noa ngā whakaaro
He aha i riri ai te ao katoa
He nui rawa nō te mātauranga
Pūrari Hītara, tangata hao
Ngā rongo o te pakanga nei
Ka kapakapa te manawa e
Ka māharahara te tinana e
Auē! Auē! Te aroha e
Ka tangi wairua atu ahau
Ki a koutou rā, e Te Hokowhitu
I roto i te kino o tēnei wā
Kia kaha, kia kaha rā
Kua takahia rawatia te kupu
Kaua hei whakaheke toto e
Hei aha mā pūrari Hītara
Ka tohetohe, nō reira rā
Ka tangi wairua atu ahau
Ki a koutou rā, e Te Hokowhitu

I roto i te kino o tēnei wā
Kia kaha, kia kaha rā

Ko tēnei wā, arā, ko te wā o Te Pakanga Tuarua, te wā i puta ai ngā whakaaro o te iwi whānui i roto i ā rātou waiata. Koinei te wā i tino titoa ai tēnā mea te waiata hei whakatinana i ngā īnoi, i ngā tūmanako, i ngā wawata, i ngā mānukanuka o te iwi Māori. Mahi mai ai tēnā iwi i āna waiata, ka mahi anō hoki tēnā i āna, me te aha huhua kē ana te waiata i takea mai i taua pakanga rā. Nāku tonu i whiriwhiri ko ā Tuini hei āta titiro mā tātou nā te mea ko ia hoki te wahine o aua tau rā, me ō muri mai anō hoki, i kaha te tito waiata.

I te 6 o ngā rā o Whiringa-ā-nuku, i te tau 1943, ka tū tētahi hui nui whakaharahara ki roto o Ngāti Porou. Ko te wāhi i tū ai te hui nei, ko Whakarua Park i Ruatōrea. Ko te kaupapa o taua hui rā, ko te whakawhiwhi i Te Ripeka a Wikitōria, te tohu o te tino toa o te tangata, ki ngā mātua o Te Moana nui a Kiwa Ngārimu. Ko Ngārimu kāore i reira ā-tinana, engari e ai ki te mahi a te waiata i titoa mōna hei whakanui i a ia, i ōna mātua me ōna iwi, arā a Te Whānau-a-Apanui me Ngāti Porou, i tae ā-wairua atu ia ki taua hui nui rā.

I pau katoa mai ngā iwi o te motu ki roto o Te Tai Rāwhiti ki te āwhina, ki te tautoko i te reo pōwhiri o Ngāti Porou, ā, ki te mihi, ki te tangi anō hoki ki tā rātou raukura e whakanuitia rā e rātou i taua wā rā. E ai ki ngā kōrero mai a ngā mea i reira i taua wā rā, ko te karawhiu kē o te ua me te marangai, ā, kua tāoruoru katoa te marae. Engari hei aha mā Ngāti Porou, whakaeke ana he ope, puta ana a Ngāti Porou ki te pōwhiri, ā, e kī mai ana ētahi o ngā kaihaka, kua tae kē mai te paru ki ngā turi rā! Heoi anō, ki a tāua, ki te Māori, ko ngā tohu manaaki ērā a koro mā, a kui mā!

I whakatōpūhia ngā tamariki Māori o ngā kura katoa o Te Tai Rāwhiti, ā, ko tā rātou waiata ko tērā kua huaina ake i runga ake nei, arā, ko 'Hītara Waha Huka', ā, ko te nui o te kaihaka hei hiki i te waiata rā neke atu i te kotahi mano, e ai ki te kōrero.

Ko te tangata nāna te tohu toa i whakawhiwhi ki ngā mātua o Ngārimu ko te Kāwana-Tianara o taua wā rā, ko Sir Cyril Newall, ā, ko te waiata e whai ake nei he mea tito e Tā Apirana hei pōwhiri i a ia:

Haere mai rā, e te Kāwana e
Ki Te Tai Rāwhiti
Haria mai te tohu toa
He mea tohenga nui
Nā te toto heke rā
Nā te whakamomori
Haere mai rā, e te Kāwana e
Haere mai, haere mai rā

Nau mai te Pirimia
Me te tūārangi
Haere mai rā kia tangi koe
Ki taku raukura
Nā te ao ana hanga
Kia raru noa ko au
Haere mai rā, e hoa mā
Haere mai, haere mai rā

Aotea! Te Waipounamu!
Tēnei ngā kura nei
Nā te toto heke rā
Nā te whakamomori

Moana e, Mānahi e

Me Te Tūahu e

E tama mā, i hira ai

ahau ki runga rā e

Nā, i titoa anō hoki e Tuini tāna waiata pōwhiri i ngā ope haere mai ki te hui nui mō Ngārimu, ā, anei ngā kupu o tāna waiata:

Haere mai, e ngā iwi, ki te hui aroha e
o Te Moana-nui-a-Kiwa e

Ringihia ngā roimata ki runga i te marae
o Te Moana-nui-a-Kiwa e

Mīharo ko te ngākau ki te hōnore nui
Tēnei rā ngā mihi, e tama

Kua ngaro te tini, kua hinga te mano
o Te Moana-nui-a-Kiwa e

Kei runga rā i a koe te tohu toa, e tama,
Te Moana-nui-a-Kiwa e

Hoki wairua mai ki a au, ki Te Tai Rāwhiti e
Te Moana-nui-a-Kiwa e

Mīharo ko te ngākau ki te hōnore nui
Tēnei rā ngā mihi, e tama

E kore e mutu mai te aroha, te pōuri nui
Te Moana-nui-a-Kiwa e

Engari ia ko tana waiata tino rongonui i puta tuatahi ki roto i te hui nei, ko tēnei e whai ake nei. Ko tēnei waiata kei te ora rawa atu ahakoa ngā kōhurutanga a ngā kapa haka o ngā kura Māori o te motu, arā, ngā kura pēnei me Tīpene, me Wikitōria, me Hato Pētera tae atu anō hoki ki ngā kapa haka o ngā whare takiura o te motu, e te ao haurangi anō hoki! O ngā waiata katoa a te wahine nei ko tēnei te mea kua tino kaha te tūkinotia, nā reira e kī ana au me whakatikatika i nāianei. Kua roa rawa tēnei, te kūare e ārahi ana anō i te kūare! Kua tae ki te wā me tau mai he māramatanga ki runga ki te hunga e noho ana i te pōuri!

E Te Hokowhitu a Tū, kia kaha rā
Kāti rā te hingahinga ki raro rā
Mā ngā whakaaro ki runga rawa rā
E ārahi ki te ara e tika ai
Whirinaki, whirinaki tātou katoa
Kia kotahi rā

Ngā marae e tū noa nei
Ngā maunga e tū noa nei
Auē rā, e tama mā
Te mamae, te pōuri nui
E patu nei i ahau, i nā

Ngārimu, auē
Anei ō hoa e
E rurutu nei

Ka haere rā te whawhai, ā, ka hinga te tini me te mano o Ngāi Tāua, o te iwi Māori, i ngā marae o Tūmatauenga, ā, ko te nuinga kei ngā marae tonu o te riri o whenua kē e tīraha mai ana. Nō te tau 1977, ka hoki anō ngā hōia Māori i hoki mōrehu mai i te pakanga, ki te toro anō i aua hoa o rātou, ki te tangi anō hoki ki a rātou i runga anō i ā tāua tikanga, i ā te Māori. E toru ngā rōpū i haere, ā, e ai ki ngā kōrero mai ki a au a ētahi i haere i taua haere, whakaaroharoha kē ana. I ngā tau o muri mai anō nei hoki, e hia kē ngā rōpū Māori kua haere ki te toro, ki te tangi, ki te mihi i ngā whanaunga, i ngā pārurenga a Tūmatauenga, te papa o ngā mahi a te pokokohua kotahi nei, a Hītara, te kaihikahika i te ahi o te matawhāura.

Nā, nō te mutunga o te whawhai ka hoki mai te hunga i waimarie, ā, i runga anō i te tikanga Māori, i titoa tēnā mea, te waiata hei pōwhiri i taua hunga hoki mai. Kei te maumahara tonu au ki te pōwhiri atu i ngā mea o Tūhoe i runga anō i ō rātou marae, otirā ki ērā o Waikaremoana. Ko tētahi o ngā waiata tino rongonui o tēnei wā, ko tēnei waiata pōwhiri nā Tā Apirana ngā kupu, engari kua kore i tino rangona i waenganui i tēnei whakatipuranga. I whakaarahia ake e Ngāti Porou i te pōwhiritanga i a Piriniha Tiare rāua ko tōna hoa rangatira i te tau 1983, i Tūranga. Anei ngā kupu:

Pōwhiritia rā ngā mōrehu
Te iwi, tangihia
Te mamae me te pōuri nui
Tēnei rā kua mahea
Hoki mai rā, hoki mai rā ki te kāinga
E tatari atu nei ki a koutou
Ngā tau roa i ngaro atu ai
Te aroha e ngau kino nei i ahau

Ngā whare pā tēnā huakina
Te iwi, kia koa

Kua hoki mai ngā tamariki toa

Ki te ao ora e

Hoki mai rā, hoki mai rā ki te kāinga

E tatari atu nei ki a koutou

Ngā tau roa i ngaro atu ai

Te aroha e ngau kino nei i ahau

Nā, ko ētahi tāngata kei te kī he waiata kē tēnei i titoa i te wā o te hokinga mai o ngā tama toa i Te Pakanga Tuatahi, ā, ko ētahi kei te kī nō muri kē mai o Te Pakanga Tuarua. Aua atu, he waiata i mahia hei pōwhiri i te hunga mōrehu, ā, ahakoa nō tēhea o ngā pakanga ko te mea nui kē ka hāngai tonu.

Engari ia ko te waiata pōwhiri tino rongonui o ēnei tau, ā, ko te waiata hoki i puta ki te motu whānui ko tēnei nā. He roa te wā kāore i rangona te waiata nei, engari i whakaohohia ake anō e te Howard Morrison Quartet i te wā e rongonui ana rātou, heoi anō te mate ko ētahi o ngā kupu i kotiti, i hē i a rātou. Ko te whiti tuatahi te mea kei te tino mōhiotia.

Nā, i haka tuatahihia i te tau 1946 hei pōwhiri anō i ngā tama toa o Ngāti Porou ake. Ko te kākā kura o te ope ko Peta Awatere, ā, i hakaina tuatahitia e te kapa haka o Ngāti Putaanga, i te whare kiriata o Ruatōrea. Ko te kaitito o te waiata nei ko Hēnare Waitoa i kī ai a Tā Apirana, 'E toru anō ngā tāngata mō te tito waiata, ko Tuini Ngāwai, ko Hēnare Waitoa, ko Apirana Ngata'. Anei ngā kupu e whai ake nei:

Tomo mai, e tama mā, ki roto, ki roto

I ngā ringa e tuwhera atu nei

Ki ngā mōrehu o te Kiwi e

Ki ngā tama toa o tēnei riri nui

Hoki mai, hoki mai ki te wā kāinga
Kua tutuki te tūmanako
Kei te kapakapa mai te haki, te haki o
Ingarangi i runga o Tiamana e

Hoki ruarua mai, e tama mā
Ki ngā iwi e tatari atu nei
Kua mahue atu rā ngā tini hoa
Ki runga whenua, iwi kē
Nā Te Moana rā ko te Wikitōria
Hei whakamaumaharatanga e
Ki ō rātou tinana kei pāmamao
Ki ō rātou ingoa kei muri nei

Waiho ki tēnei waiata, i waiatatia e mātou i te kura tuatahi, hei kōpani ake i ēnei kōrero, engari inā noa atu te nui o te waiata kei ngā iwi e puritia ana, e whakanui ana i te hunga i whakakanohi i te ao Māori i ngā pakanga nui e rua o te ao:

Kia ora ngā hōia
Haere nei ki te pakanga
Hei ora mō te iwi
E tau nei
Ngā kuia maranga rā, tangihia rā
Ngā taitama i haere nei
Ki te mura o te ahi e
Hoea atu rā ngā waka o Aotearoa
Houhia ko te rongo, e te iwi e

Arā atu anō te mahi a te waiata pōwhiri i te hunga waimarie ki te hoki mai, engari waiho ko ēnei hei whakatauira i te āhua ki ērā waiata. Nō reira kia whakanoia ake te kete waiata i takea mai i ngā pakanga nui e rua o te ao, me te hoki o te whakaaro ki ērā kōrero a te hunga mokorea o te pakanga e kī rā:

> E kore rātou e kaumātuatia pēnei i a tātou ka mahue mai nei.
> E kore hoki e ruha i te taipakeketanga, e noho rānei hei papa mō te rerenga o te wā.
> Hei te rehurehutanga o te rā, hei tōna pūaotanga mai, ka maumahara tonu tātou ki a rātou.

Tā te Ao Ipoipo

Inā tirohia e tātou ngā waiata a rātou mā, e kīia nei he waiata aroha, ka kitea ko te nuinga he rite kē ki te waiata tangi i te kaha o te hōripiripia o te ngākau, tau mai ana ko te rāwakiwaki, ko te kōrangaranga, ko te pūkōnohinohi, ko te tiwhatiwha hei whakataumaha i te wairua o te tangata. Otirā ahakoa tirohia ko tēhea ahurea, ko tēhea iwi rānei o te ao, e pērā ana te āhua ki tēnei mea, ki te waiata aroha.

Kāore pea i tua atu i te waiata aroha a Rihi Puhiwahine o Ngāti Tūwharetoa, o Ngāti Maniapoto me Ngāti Toarangatira anō hoki, hei whakatauira mai i tēnei mea, i te waiata aroha ki a tātou.

I te korenga ōna i whakaaetia e ōna tungāne kia moe i tana tungāne, tūranga whānau nei, titoa ana e ia tana waiata aroha ki tana kairoro, ki a Te Mahutu Te Toko, ki te rangatira o Waikato me Maniapoto. He waiata kua hōrapa i te motu, ā, e kaha tonu ana te waiatatia i te wā nei, te tohu o te waiata e kaingākautia ana e ngā iwi huri, huri. Kia tīkina noatia atu ko ētahi o ngā rārangi hei whakaū i tāku e kōrero nei:

Kei raro koe, e Toko, taku hoa tungāne
Nāku anō koe i huri ake ki muri
Mōkai te ngākau te whakatau iho
Kia pōruatia e awhi ā-kiri ana . . .

Kei roto i ngā kupu o te waiata aroha a Rīria Turiwhēwhē o Ngāti Porou mō Te Rakahurumai, ko Paraire anō nei tētahi o ōna ingoa, ka kitea te nui o te mamae i te mea hoki i riro kē a Te Rakahurumai i wahine kē noa atu. Anei ētahi o ngā kupu:

E kore e ahiahi ka rau au te mahara
Nō taku hinganga ki taku moenga kino
Kāore nei te tāne e awhi nei māua
Atua ai, Paraire, tē puta noa mai
Hei pure i ahau i te ahiahi
Ka hōkai ai koe ki te puke e ngoto ana
Ka matawaenga au, ka pīwaitārua

Nā Nekepapa o Te Āti Awa i tāna waiata whaiāipo mō Tiotio, otirā koirā te whakapae, ēnei kupu:

Te hora aku paki ko koe e Te Poho
He kaha te puhitai hei patu ki te rae
Taranaki i runga kia kite hoki e
Te whiunga taiaha nāu, e Tiotio
Te naupea mai i tōu pai rā
E huri kei taku ropi e

Ko tēnei waiata e whai ake nei nā Waipū o Ngāti Manu, o Ngāti Ūpokoiri – hapū o Ngāti Kahungunu ki Heretaunga. Nā ōku kuia o Tūhoe tēnei waiata i whakaako mai ki a au e hia tau nei ki muri, engari kāore anō au kia rongo e waiatatia ana e mātou rānei o Tūhoe, e Ngāti Kahungunu rānei. Ka mate atu a Te Onewhero mā, a Te Meinga mā, ētahi o aua kuia rā, ka mutu taku rongo i te waiata nei. He reka te rangi, ā, he tau hoki ngā kupu. Anei te whiti tuatahi:

Pūrei kohu e whakatoro rā
Tāhere ana mai te puke ki Ōkato
Kei tua atu hoki ko te tāne
E aroha nei au
Nāku ia nā koe i whakarere
I te āiōtanga
Tahi te waka ka rutua
Paea ki te ākau . . . i

Ko te aroha atu ki a Waipū, ko te whāinga ōna i a Perohuka o roto o Pātea hei tāne māna, engari kāore i paingia e te iwi o Perohuka. Nā tērā, ka tīkina mai e ōna tungāne, whakahokia mai ana ki tō rātou kāinga, ki Paetawa, ki reira whakamoea atu ai ki tāne kē noa atu.

Ko tēnei e whai ake nei he waiata whaiāipo mō Pētera Te Huirori, engari ko te kaitito kāore i te tino mōhiotia. E ai ki ōna mātanga he wahine nō roto mai o Tūranga, ā, anei te whiti tuatahi:

Kāore hoki te pō nei
Tuarua rawa ko Te Huirori
Ko taku hoa moenga ka riro kē
Ka maunu kē atu he puta kē
Ko te whakawerawera o taku poho
Kātahi tonu au ka mātao i . . .

Kua kite nei tātou i ētahi tauira hei whāinga mā tātou me te kite anō hoki kāore i pērā rawa te rere kē o ngā whakaaro o ngā kaitito o whakapata i ō ngā kaitito o moroki nei. Heoi anō pea te rere kē matua ko te kore i manauhea o ō nahe kaitito ki te kōpaki i te whakaaro ki te kupu e titi ai taua whakaaro rā ki te hinengaro o te kaiwhakaoko atu ki tāna i waiata ai, ko taikākā kē hoki kia whāia, kei waroa noa iho ki taitea.

Ā kāti, hei whakaoti noa ake i te wāhi ki ngā whakatauiratanga mai i aweko, kia tīkina atu ko tēnei o ngā waiata kāore nei i te tino mōhiotia nā wai rā i tito, engari kei roto o Tūhoe e waiatatia ana. Inā whāia ko ētahi o ngā taunahanahatanga o roto, tērā ka whakapaetia nō roto mai o Te Arawa, engari me waiho noa ki tērā, ki te whakapae, i te korenga i tūturu o te mōhiotia nō hea mai rānei, nā wai kē rānei.

Kāore te aroha e huri i runga rā
O aku kiri kanohi
He hanga kia māpuna
Te roimata i aku kamo e

Me aha te aroha e mauru ai rā?
Homai me piki ake te hira
Kei Te Pare o Te Rāwāhirua
Kia mihi atu au te ripa ki Matawhau
Nāku ia nā koe, e kō, i huri ki te tua
Pere taku titiro te au kai te moana
O Tūhua i waho he rerenga hipi mai
Nōhou, e te atua, hei kawe i ahau
Ki tai o ngā muri
Kei marutata 'hau te whakamau ki te iwi e

Kitea iho ana, katoa ngā waiata kua waiho nei e au hei whakatauira i te āhua o ngā waiata whaiāipo o tuawhakarere, nā te wāhine i tito.

Tino takitahi, takitahi rawa atu nei nā te tāne, ka mutu me uaua ka kitea mai.

Hei whakatau noa i te wāhi ki te tāne, ko tā Te Heuheu Herea mō tana wahine, mō Rangiaho i te tāronatanga ōna i a ia anō. Ko Rangiaho te wahine matua a Te Heuheu Herea, engari kāore i puta he uri. I runga anō i te whakahau a Rangiaho, ka moea e Te Heuheu a Tokotoko hei wahine tuarua māna, ka tiwhatiwha, ka matekiri a Rangiaho, ā, ko te whakatinanatanga o tērā āhua ōna, ko te tāronatanga i a ia anō. Anei te waiata aroha, waiata tangi kē rānei, a Te Heuheu mō Rangiaho:

E noho ana hoki, e whakamoea ana
Mā wai e moe ēnā wāhine kururutua, kurumetometo?
Tē rite te wahine ki a Rangiaho
Kia awhi atu au i tana kiri ngoringori
Me he papa tōtara, me he take harakeke

E piki, e whae, i te rangi tuatahi, i te rangi tuarua
Koe whā kūao, koe whā matua
Nāku i moumou te huka o te tai
Ki te whatu o te kore nā . . . i

Ehara i te mea e parea ana ki rahaki ā te ao tawhito titonga, engari kua takoto i a tātou he tauira. Tēnā kia warea tātou i nāianei ki ērā o ngā titonga mai i te mahutatanga mai o Ngāi Kiritea mā i whiua ai tātou ki ērā kupu o te aniani, arā, o te Utu Pihikete, o te Pākete Tī, o te Pēke Paraoa me ētahi atu. Ko ā rātou nā rangi i tere te kapohia atu e Ngāi Māori mā ka tāpiri atu ai ko ā rātou ake nā kupu ki aua rangi rā.

Ahakoa e hia tau kē nei ki muri ngā titonga nei e kaha tonu ana te waiatatia e ngā reanga o ēnei wā nei i runga tonu pea i te reka o ngā rangi, o te tau, o te mārama me te māmā kē rānei o te kupu me te whakaaro. Ā tēnā, kia tirohia ake ētahi o ngā titonga nei.

Ko tētahi pea o ngā waiata kua kaha nei te hau o ōna rongo ko tēnei e tohea nei nā wai kē rā i tito. Ko ngā kaitito e tohea nei ko Paraire Tomoana rāua ko Tā Apirana Ngata, ka mutu kei ia kaitito anō āna kaitautāwhi. Aua atu ko wai kē rā te kaitito, ko te waiata e tino mōhiotia ana puta i te ao:

Pōkarekare ana ngā wai o Waiapu
Whiti atu koe, e hine, marino ana e

E hine e, hoki mai rā
Ka mate ahau i te aroha e

Tuhituhi taku reta, tuku atu taku rīngi
Kia kite tō iwi raruraru ana e

E kore te aroha e maroke i te rā
Mākūkū tonu i aku roimata e

Whatiwhati taku pene, kua pau aku pepa
Ko taku aroha mau tonu ana e

Nā, ae rānei ko te rangi he mea tiki kē atu i tētahi o ngā waiata a Ngāi Kiritea mā o te wā i titoa ai te waiata nei, nā te kaitito Māori tonu kē rānei tāna rangi? He take anō kia tohea, kia rangahaua.

I te wā i a mātou i te kura tuatahi ko ngā waiata hei hoa mō te poi a ngā kōtiro, ko ētahi o ēnei e whai ake nei, engari ko ngā kaitito kāore i te tino mōhiotia. Ko ngā rangi ia he mea tiki atu i te ao Pākehā.

Hokihoki tonu mai te wairua o te tau
Ki te awhi reinga i tēnei kiri e
Ka pinea koe e au ki te pine o te aroha
Ki te pine e kore nei e waikura e

He rangi whakaaroharoha anō hoki tō tēnei waiata, ā, e kaha kē ake ana pea te haria o tērā o ngā rangi i tēnei i whakamahia nei hei hoa mō te poi. E mōhiotia ana ko te rangi Pākehā i tīkina atu ko 'Little Brown Jug' nā Stephen Foster. Engari anō ēnei e whai ake nei:

Haere rā, e hine, ki Rotorua ki reira noho ai
Kaua rā, e hine, e wareware ko au tō tau pūmau
Haere, haere rā, e hine, haere rā ki pāmamao
Waiho au i muri nei tangi hotuhotu ai

Tāpapa mai, e hine, ki roto i a au
Ki roto i aku ringa pupuri ai
Kauaka rā, e hine, e huri kē
Ka hoki mai anō

He rangi atu anō hoki tō tēnei waiata e whai ake nei kāore i te pērā rawa te kaha o te haria.

Me he manu rere ahau e
Kua rere ki tō moenga

Kī te awhi i tō tinana
E te tau tahuri mai

Kei te moe te tinana
Kei te oho te wairua
Kei te hotu te manawa
E te tau tahuri mai

Haere, haere rā, e hine,
Whakangaro i konei
Waiho au i muri nei
Tangi hotuhotu ai

Anei anō ētahi waiata e rua o te momo o runga ake nei hei whakatepe noa ake i tēnei wāhanga:

Haere rā, haere rā, e taku reta
Kī te kimi i te tau kei hea
Ki te kore koe e kite i taku reta
Ko aku roimata hei wai inu mōu

Tūranga mokemoke ana ahau
I aku tūranga hou
Anei ahau, e hine
Kei hea rā koe e ngaro nei
Me pēhea rā?
I rongo ake au i tō wairua

E karanga ana mai
Ka hoki tonu atu ahau ki a koe, e te tau
E tangi nei

E whakapae ana au, ko ēnei waiata e rua o runga tonu ake nei i ahu mai i Te Whānau-a-Apanui. I a au i Te Whare Wānanga o Te Whanganui-a-Tara, ka tino mōhio au ki te wahine nei, ki a Peti Rānapia. He kuia Pākehā, engari tino matatau ki te reo Māori nā te roa ōna ki roto o Te Whānau-a-Apanui whakaako ai, ka moe mai nei i tana tāne o reira. Nā, ko te tāne, ko Pātū Rānapia te mea waiata i ngā waiata nei, ā, mai i taua wā rā, kāore anō au kia rongo e waiatatia mai ana.

Katoa ēnei waiata me uaua ka tino rangona i roto i te wā nei, engari ko te mea hei whakamīharotanga, ko te māmā o te kupu me te reka o te rangi ki te taringa. Ko te karere ia o roto i te waiata e tīahoaho ana te kitea, arā, ko te īnoi atu ki te tau kia kaua e haere, kia tūturu tonu mai, ā, inā haere, tēnā koa hoki mai anō. Koinei ngā whakaaro o te tangata, o te wahine e haukerekerea ana e te aroha o ngākau i runga, e ngā hiahia o taihemahema i raro. Taihoa ake nei, kia tirohia ngā kupu o ētahi atu waiata.

E ai ki te kōrero, ko tēnei e whai ake nei nā Tā Apirana Ngata, ā, i titoa e ia i te wā o te tau 1925, 1926 kē rānei. Ehara i te mea nōna ake ngā whakaaro o roto i te waiata nei, engari he whakamāoritanga kē nāna i ngā kupu Pākehā ake o te waiata nei. Ko te ingoa o te waiata Pākehā ko 'You're Just a Flower from an Old Bouquet', ā, nā te kaitito ake te rangi. Hei ngā huihuinga mārena, rā whānau, hui ngahau noa iho nei rānei a te Māori, kua waiatahia te waiata nei:

He putiputi koe i katohia
Hei piri ki te uma, e te tau

He tau aroha koe koronga roa
Koronga i ngā rā
Māku anō rā koe hei atawhai
Kei kino i te rā
Kia piri tonu mai
Hei putiputi pai i katohia

He aha rā e tohe tonu nei
Te aroha ki te hoki mai
He tau i karea e roto, te pō
Te ao, ngā rā katoa
He pai kia pono tō whakaaro nui
Kei kino i te ao
Kia piri tonu mai
Hei putiputi pai i katohia

Kia tahuri ake tātou ki tēnei o ngā titonga a Te Ōhākī Reedy o Ngāti Porou. Kua kore pea i pērā rawa te kaha o te waiatatia i roto i ngā tau nei, engari i a mātou ko tōku reanga i te whare wānanga i Te Whanganui-a-Tara, he tino waiata tēnei nā mātou:

Taumarumaru ko te rā
Ka rapa ngā mahara
Kei hea rā koe, e hine
E ngaro nei?
E hine, e ia
Kei te kai kino te aroha

I te pō, i te ao
I ngā wā katoa

Moe iho i te pō
Whitirere tonu ake
Ko tō tinana
E tū ana mai
Awhi kau atu au
Ka ea ngā wawata
Oho ake i te ao
He moemoeā

Ahau ka takoto
Ka titiro whakarunga
Ki ngā kapua o te rangi
E rere ana mai
Anō he kawe kupu
E hine, e ia
Ki te kore e paingia
Me mutu noa

Ko tēnei waiata e whai ake nei e kaha tonu ana te waiatatia, ka mutu e kīia ana nā Paraire Tomoana, ko 'E Pari rā' nei tana waiata tino rongonui. Ko te rangi ake nō tētahi waiata mai i Hawai'i ko 'Waipi'o' te ingoa.

Tahi nei taru kino mahi whaiāipo
Kei te wehenga aroha kau ana

Haere mai rā ki ahau nei rā
He aroha tino nui, haere mai

Kore au e noho hoatu i taku ringa
Kei huri kē koe whakakaitoa i muri
Haere mai rā ki ahau nei rā
He aroha tino nui, haere mai

Titiro atu au ka huri kē koe
Kei roto i a koe pīrangi mai ana
Haere mai rā ki ahau nei rā
He aroha tino nui, haere mai

Ko Kīngi Tahiwi o Ngāti Raukawa tētahi kaitito i hau nei ōna rongo, ā, tērā pea ko tāna waiata e tino mōhio whānuitia ana, ko 'He Pūru Taitama.' Anei tētahi o ana waiata ā-ringa i tito ai:

He aha kei taku uma e pātuki ake nei
He aroha rā, e hine, he aha ka uia e?
E rua nei aku ringa e mau nei i ahau
Kotahi hei pera urunga, kotahi hei awhi mai
Kau rā koe, e hine, i ngā ngaru nunui
Hei hāpai, hāpai ake i tēnei whakatipuranga

Ahakoa tiro ki hea i roto i te ao titotito waiata, kāore e kore ka puea ake ko ngā ingoa o Tuini Ngāwai rāua ko Ngoi Pēwhairangi, ko tana karangatanga tamāhine. Anei tētahi o ngā titonga huhua a Tuini, ā, ko te rangi he mea tiki atu i tētahi waiata o Hawai'i mai, arā, i 'Akaka Falls':

Ka rapa, ka kimi noa ngā whakaaro
Ka taupatupatu i te kore o tō aroha, e hine
Hei tānga manawa, e te tau

Nōku rā te aroha e kore e mutu
Ohorere ana te manawa, e auē
Tō aroha, e hine, e pēhi kino nei i ahau, e te tau

Nā Tuini anō hoki tēnei:

E kore te aroha e taka e
I waho i taku manawa e
Uia, e hine, he aha rā
He aroha e

Nau mai ki te whare āhuru e
Kaua e rurutu roimata e
Uia, e hine, he aha rā
He aroha e
Kīhai i manakohia ngā kupu mīharo e
Ka hoki atu te tau me whakarongo mai rā

E kore te aroha e taka e
I waho i taku manawa e
Uia, e hine, he aha rā
He aroha e

Kia tahuri atu tātou ki ngā titonga mai a te karangatanga tamāhine, a Ngoi Pēwhairangi. Mahi tahi ai a Ngoi rāua ko Māui Prime, i mōhiotia nei e te ao Māori ko Dalvanius; ko ngā kupu riro kē ai mā Ngoi, ā, ko ngā rangi mā Dalvanius. Nā rāua tahi tēnei o ngā waiata:

Ki a koe, te tau, aku mihi
Ahakoa haere koe ki hea
Māku rā koe e whai atu e
Ko tōku aroha ka ū tonu
Tēnā rā, e hine, huri mai rā
Ki ahau e tau nei
Hei utanga atu, e ipo
Otirā, e hine, kua taunga kē tēnei tinana auē
Ki te aroha, e ipo

Anei anō tētahi atu o ngā titonga i whai wāhi ai a Ngoi, i te taha o Te Heikōkō Mataira. He mea tito nā rāua nō rāua i tētahi o ā rāua wānanga mō Te Ataarangi i hea rā o te motu, he konau nō rāua ki ā rāua tāne kua mahue ki te wā kāinga. E whai ana ngā kupu me te rangi i te wairua o te waiata 'The Way We Were':

Mahara
E kai kinikini nei
Tangi hotuhotu ana rā
Mōhou, e te tau

Tiro noa ahau mokemoke ana rā
Pā mai ana ko te pōuri nui
I tō haerenga
He aha rā he oranga kua ngaro rawa atu koe
Kei whea rā he tānga manawa, e te tau e, tau e

Nāhau rā i tuku mai te aroha
Whakaora i te manawa
Me te ngākau marū

Nō reira tahuri mai
Tahuri mai rā, e te tau
Ki ahau e, ki ahau e
Mahara

Ko tētahi atu wahine kaha ki te tito waiata, ko Moehau Reedy. E hia kē āna nei waiata kua titoa, ā, he nui tonu i titoa hei āwhina i te hunga o roto i ngā kōhanga reo. Ko tēnei o āna waiata nāna i tito hei mihi ki a Iritana, hei whakatoi kē rānei, engari ahakoa pēhea he waiata e matea nuitia ana e te hunga o roto i ngā kōhanga reo me ngā kura reo. Ko te rangi i tīkina atu i te waiata, 'A Walking Piece of Heaven', nā Dennis Marsh nei i tito.

Ko koe taku tau pūmau, purotu
Te tihi o taku manawa
Kōpū-ā-rangi i te ao katoa
Ko Pareārau i ngā pō katoa
Roha aku parirau hei awhi mai
Kapo noa i tō ariā
He whetū wairua
Mā te aroha pea ka ea
Te kōingo o taku ngākau nei
Ko koe te whetū o te rangi
Kua tātaihia ki taku tinana

Roha aku parirau hei awhi mai
Kapo noa i tō ariā
He whetū wairua
Mā te aroha pea ka ea
Te kōingo o taku ngākau nei
Ko koe te whetū o te whenua
Kua tātaihia ki taku tinana
Ko koe te whetū o te ao katoa
Te ahureinga o te aroha
Tau pūmau, purotu

Ko tēnei waiata e whai ake nei he waiata ā-ringa nā te kapa o Ngāti Pōneke, otirā ko rātou te kapa haka mai ai i tēnei waiata. Ko tōna kaitito kāore i te tino mōhiotia, engari ko ngā kupu he whakamāoritanga nō ngā kupu Pākehā ake o te waiata nei, o 'Tonight Is the Night':

Ko tēnei te pō i raro o te marama
Ko tēnei te pō i waiata ai ahau
Tuku mai tō whaiāhua hei maharatanga e
Me awhi i tō tinana kia mōhio ai koe ko au
Haere mai kia puritia koe, e te tau
Kia mau mō ake tonu atu e
Ko tēnei te pō i puritia ō mahara
I raro o ngā whetū i roto i aku ringa koe

Ko tētahi pea o ngā waiata tino ātaahua ā-rangi, ā-kupu nei ko tēnei:

He wawata i ngā rangi nei, i ngā pō roroa nei
I kite au i a koe, e taku tūmanako
E rere rā e ngā kapua, rapua te tau kei hea
E kore rawa e mutu te aroha i ahau

Ngā pūrei kohu e mamao nei i waho o Maketū
Mōhou rā, e hine, kua wehe nei, mā wai rā koe e
whakahoki mai?
Mā ngā tai e haruru nei i waho o Maketū
Me moemoeā, me wawata, me kite wairua

Ko te kaitito o tēnei o ngā waiata kāore i te mōhiotia tae atu hoki ki tōna ahunga mai, engari nā ngā whakahuahua i te kāinga o Maketū e whakapaetia ana tērā pea nō roto mai o Te Arawa.

Ko Hirini Melbourne he kaitito rongonui anō hoki, ā, kua kohikohia āna titonga e ana tamāhine. Ka eke ngā tau o Tīmoti ki te 50, ka tū te pō whakanui i tērā ekenga i Tūrangawaewae, engari ko te mate kē e huna ana, e muna ana, e whakamōkeke ana te āhua o te whakatū. Ko Tīmoti kua whakarite kē ki te rere ki Hawai'i i te pō i whakaarotia ake ai tēnei whakamānawa, ā, i riro rawa nā Te Arikinui, nā Te Atairangikaahu, i tae ai a Tīmoti ki taua pō rā. Kātahi nā te pō whakamiramira i a Tīmoti, ā, i reira katoa ngā akonga o roto i ngā tau tae atu ki ngā kaumātua pēnei i a Hēnare Tūwhāngai, i a Te Karauna Whakamoe mā nei. Ahakoa taku whakataruna ki te riri, me pēhea e mau ai, i te mea nā Te Upoko Ariki au i ārahi atu? Heoi anō, ko te waiata o taua pō rā, kātahi tonu ka titoa mai e Hirini, ko tēnei, tana koha mai ki a au, ā, ko Te Rita Papesch te kaiwaiata mai i te taha anō o te kapa:

E rere, e te manu, ki te mau i te rau o te aroha
Ki te tau o taku ate
Me i a au ngā whetū hei putiputi māu
Hei tātai atu ki tō uma
Kōpū i te ao, Pareārau i te pō

Tiaho iho mai ngā whetū, te marama ki runga
Ki te tau o taku ate
Me i a au ngā whetū hei putiputi māu
Hei tātai atu ki tō uma
Kōpū i te ao, Pareārau i te pō

Ki te āta tirohia e tātou ēnei o ngā titonga maha mai i ngā tohunga tārai kupu o te ao tito, me pēhea e kore ai e rere te kupu monoa, te kupu whakamiramira, te kupu kauanuanu ki ēnei tohunga mōhio ki te tiki atu i te kupu ka whakanikoniko, ka whakanakonako kia oti mai ai ko tōna waiata e hiki ai, e ngongoro ai te manawa, e manini ai ki te taringa, e tangi kau ai hoki te mapu?

Waiho tērā pakirehua ki konā noho tārewa ai kia whakatepea noatia ake ēnei kupu ruarua nei mō te waiata whakaipoipo ki ēnei ka whai ake nei.

E kaha ana te kawea o tēnei waiata e whai ake nei, nā Te Wharehuia ngā kupu, nā Taiapua rāua ko Aroha Wātene te rangi, he kaihaka ēnā nā Kereti Rautangata, ā, ka riro nā tana kapa te waiata nei i hari:

Ko te aroha anō he wai e pupū ake ana
He awa e māpuna mai ana i roto i te whatu manawa
Ko tōna mātāpuna he hōhonu, ā, inā ia ka rere anō

He tai timu, he tai pari, he taiope, he tai roa
He tai nui

Nō te tau 2009, ka tū a Te Matatini ki raro i te maru o Mātaatua rohe ki te moana o Tauranga me ōna kārangarangatanga katoa. Ko Rūātoki tētahi o ngā kapa mai i tēnei o ngā rohe, ā, nā rātou te tono mai kia titoa atu he kupu hei waiata ā-ringa mā rātou. I whakaaro ake au ki ngā kupu a Te Wharehuia hei tīmatanga, ā, nō te otinga whakapoia kētia mai ana e Rūātoki. E whai ake nei ngā kupu:

E kīia ana ko te aroha anō he wai
E pupū ake ana i te whatu manawa
Ki tā ētahi kē ia kātahi nei te taru kino
Ko te mahi whaiāipo
Tēnā kia rere noa rā te ui makihoi
Ki a Ngāi Kairoro mā, ki a Ngāi Tōrere mā
Kei hea he āhuatanga kē atu
E tata keka ai, e kāpō ai rānei te tangata
Ki te ao me ana hanga
E rangirua ai, e rarerare ai te mahara
E akiākina ai te tinana e taihemahema
Kia tino ngata rawa ko tāna?
Ko te autaia aroha nei, e kare mā, ko te autaia aroha nei
E hinga nei te ao, e huri nei te ao
E ngaro nei te aroarowhenua i ōna wā
Kua takeo noa, kua pūkawa noa, kua kārangi take kore noa
Hei ngā wā o te uruhau rere ana te wairua

Kia tiwhatiwha kua whakamauru mai
Ko taua aroha e whāia nei e tātou katoa
I te mutunga iho kia mārama tātou
Ko te rongo i te reka he rongo poto
Ko te rongo i te mamae he rongo roa
Engari anō ia, e kare mā, te rongo poto
I te kore rawa atu nei, nē hā?

Nā, ko tēnei waiata he mea tito hei whakamānawa i a Wiha Te Raki-Hāwea rāua ko Tainui Stephens i a rāua i mārena ai i Te Hāpua i te 17 o ngā rā o Huitanguru, i te tau 2007. Ko te īnoi mai a Wiha, māku ia e tuku i tōna rā, ā, kia titoa he kupu hei waiatatanga māna i taua rangi rā. Ko te rangi nā Wiha, ko ngā kupu nā Tīmoti:

Kei taku tōrere e
Nei rā tāua ka tīpona i te here o te rāhiri
E kore nei e matoha, e motu wawe
Ka rena kē atu ia, ka tānekaha kē atu
I ngā tau tata, i ngā tau roa

Ko te kūata o te ngākau kāore i rangi tahi
Engari kē ia nonoi ana, i te aō, i te pō
Me aha rawa e mauru ai tēnei āhua whakawairangi hinengaro
Kia haere ana ko manawareka?

Tērā pea me tākiri ko te māti
Ko te moenga kia whāriki

Kia papaki ngā tai ki uta
Kia rarapa te uira
Kia papā ko te whatitiri i te rangi
Kia rangona ai ko te reka
Kia tau mai te manea
Kei taku tōrere e!

Ka haere te wā ka tae mai te pōwhiri a Tipiziwin, he wahine nō te iwi Lakota o te rāhui o Standing Rock, i te rohe o North Dakota i Amerika, kia tae atu ētahi o mātou o Te Panekiretanga ki tōna pākūhātanga. Ka emi tō mātou tira, tōna āhua tekau mā rua nei, ka rewa mātou. Ka whakatauhia ko te waiata hei waiatatanga mā mātou i taua rā rā, ko te waiata whakaipo a Wiha rāua ko Tainui.

He mate tō tērā whakatau i te mea ko te rangi ake nā Wiha, ā, kāore i te mōhiotia nā te mea kotahi noa iho te waiatatanga a Wiha i te hākari o tō rāua rā, ka mutu kāore he paparuatanga. Ka haere au ki aku kaikimi rangi, pati ai, ki a Te Heketū rāua ko Pānia, me kore noa e tūpono ka kitea mai e rāua he rangi. Kitea mai ana e rāua tētahi, ka noho koirā te rangi i kawea e mātou, ā, koirā hoki te rangi e kawea tonutia nei e te hunga o Te Panekiretanga.

Ka haere ōna haratau, ka mau pai, ka tū i te pākūhātanga ki te tuku mihi, ka karawhiu mātou i tā mātou waiata, engari ka aroha kē hoki me taku kore i mōhio he aha rā i pērā ai i te mea he tāngata haka te nuinga i haere, ā, kua waia kē ki te tū ki mua i te aroaro o te tangata. Me pēnei noa ake te kī, mā te aha rā i te putanga o te kupu me te hāngai o taua kupu rā ki te kaupapa o te rā!

Nei rā, e Wiha, tā tāua waiata i rangona ai te waitī o tō reo me tō aroha nui ki tō rangatira, ki a Tainui i a koe i waiata atu ai ki a ia. Ko tōna aroha nui hoki ki a koe i rangona, i kitea i a koe i tīpapa mai rā i te kaokao o tō tipuna whare, i tō papa o Tū-te-ao. Kua riro nei koe ki te wahangūtanga o te ihi, o te wehi i te pō, e kore anō te wainene o tō reo e rangona ā muri ake nei.

Ā tēnā, kia mātua noa rā i ēnei waiata kua tīkohikohia nei hei whakatauira i te āhua o te waiata aroha. Ko te wairua e tino mau tonu ana, engari ko te tataotanga, ko te whārahitanga o te whakaaro kāore i rite ki ngā titonga o ukiuki. Heoi anō, ko tērā wā tērā, ko tēnei wā tēnei, me te kore i aro o ō ēnei rā nei reanga ki ngā kōrero, ki ngā kupu a rātou mā. Ehara kē hoki i te mea kāore e taea e ō ēnei rā nei reanga, ehara, ehara, engari ko te kumama kē o te ngākau ki tērā ao me ōna whakaaro me tāna anō whakatakoto i te kupu.

Kei te ao o nehe, nei kau noa a muri nei ka noho kawa ki tā koutou i ōhākī mai ai me kore noa, i roto i te wā, ko ōna kōtihitihi, ko tōna tataotanga i taea ai e koutou, ā, kua whakatauiratia mai nei e koutou i roto i ēnei o ā koutou titonga, e taea hoki e rātou. E taea rānei e tēnei ao tō koutou kākahu i whatu ai te tāniko? Koia nei te whakatara o te wā ki ō ēnei rā nei reanga, nō reira, e tātou mā, ki te hoe, ki te hoe!

Tēnei Mea te Waiata Poroporoaki

Ko tēnei mea, ko te waiata poroporoaki, ko te waiata tangi, ko te mōteatea, ko te pōhangahanga kē rānei, ko te whakahiatotanga o te takahanga i te ara o maumahara, o te kōhengihengi, o te mamae ngau kino, o te hekenga roimata mutunga kore, e waiho nei mā te kupu e kawe ahakoa ko tōna kawenga he whai i tā aweko, he haka, he waiata ā-ringa kē rānei te āhua o te kawe, ko te tīhaea ia o te ngākau ko taua rite tonu.

Tērā pea ko te rere kē mai o ō nehe titonga i ō ēnei wā nei, ko te kupu ka whakamahia me ngā kōrero ka whakaurua ki roto i te titonga. Ko ō nehe he whānui te titiro, ka tiki atu i ngā tātai, i ngā kōrero pakanga, i ngā kōrero tonu a te iwi o te kaitito ka puta ai ki ngā kōrero ki te ao Māori whānui. I tua atu i te tangi kau noa, ko ngā whakaakoranga e hiahia ana te kaitito kia mōhio te iwi, kia mōhio kē rānei ko ngā uri whakaheke o te tangata mōna nei te waiata.

Hei whakatauira noa ake, anei tētahi waiata tangi o te wā nei kua kore i pērā rawa te kaha o te waiatatia:

Moe mai, e hika, i tō moenga roa
Raro i te rātā mokemoke ai
Mā te Atua koe e tiaki mai
Moe mai, e hika, i tō moenga roa

Koia nei te momo waiata i waiatatia ai i te wā o te ngaromanga o ngā waiata tangi a tēnā iwi, a tēnā iwi. Ko ngā kupu i hāngai, i māmā, engari kua hoki nei tēnei reanga kōrero Māori ki ngā tikanga ake a ō rātou iwi, kua ora mai anō ngā waiata tangi. Koirā hoki te whakaaro o te kāhui hoahoa, o te kāhui whakatau i ngā āhuatanga e pā ana ki ngā whakataetae haka matua o te motu, he whakatenatena i ngā kapa kia whakaorangia mai anō ngā waiata ake a ō rātou iwi kia ora tonu ai, engari ko ngā kapa o te wā nei kei te tito kē i ā ratou ake.

E mārama ana te take i pērā ai nā te mea ko te nuinga o ngā kapa kāore i te ahu mai i te iwi kotahi, engari kē ia he whakawhāititanga mai i te hunga o mea wāhi e hiahia ana ki te whakatū kapa haka. I te kore pea i hāngai o te waiata ā-iwi ki te kapa hou, kua mate ōna anō kaitito ki te tito waiata e whai pānga atu ai te katoa o te kapa.

1986 te tau ka mate tētahi hoa ōku, tētahi hoa kura tuatahi, a Tangatakino MacDonald, o taku taha Kahungunu ki Waimārama. Ka toko ake te whakaaro kia titoa e au he waiata tangi i a ia, ā, hei waiata anō hoki mā te marae i āna hui. Kua kore kē noa atu hoki tēnei o ngā marae i whai waiata, otirā kua ngaro i te iwi, nā reira ko tēnei te tīmatanga o te whakaemi waiata a tēnei taha ōku.

Ōu tohu, e te hoa, i tō haerenga e
Rā te uira ka hiko i te rangi
Te tai ka whakaipuipu mai i waho
Ka āki mai ki uta rā
Kī te takahanga o ō tāua mātua, tīpuna ki Taupunga e
Atarua ana te kitea atu o ō hīkoinga i te oranga
I te maringi o te roimata kei aku kamo e
Me te wairere kei Pukeake

Hārotoroto ana kei aku wae e
Ka titiro, ka pupū ake te aroha mōu, kei te hoa
Ka ngaro nei i te tirohanga tangata e
Mōu kua mawehe nei ki te pōuriuri, ki te pōtangotango
Ki a Hine-nui-te-pō
Oti atu hoki koutou te momo o te tangata
Waiho mai rā i muri nei ko te pā harakeke kia tipu
Hei whakatutuki i tāu i wawata ai, i tāu i tūmanako ai rā e
Kia haehae, kia mōteatea ake anō rā te ngākau
Haere rā, e hika, i tō tira mokemoke
Takoto rā i te urunga e au ai tō moe e

Ka hinga rā te tangata mana nui o Tūhoe, a Te Rangiāniwaniwa Rangihau, e mōhiotia nei e ngā marae o te motu ko Te Rangihau, ka titoa he waiata tangi, he waiata ā-ringa te kawenga, ā, nā te kapa haka o Te Whare Wānanga i waiata, ko te rangi nā Te Rita Papesch:

Kāti rā, e taku tiki pounamu
E tōku koko tangiwai ka motu nei i te taringa
Maranga mai!
E huri tō aro ki te maramara kōhatu
E tū moke mai rā i te pū o te tonga ki Panekire
Ki te kuia e ngunguru mai rā
I te wai kaukau o ngā tīpuna
Hua au ki reira kē au mai ai tō moe
Tīraha kē mai nei koe i wāhi kē, i iwi kē
Whakapuke nui tonu nei te roimata

He puna e kore rā e mimiti
E te waha pū, mā wai rā te kupu e whakairo
E kōkiri, e whiu kia tutū ai te puehu?
Tō rite, te hunga i pūkengatia
Ka riro rā i te tai timu, i te tai ahiahi
Taupoki ko te waka ki raro
Ko wai hoki hei hautū, hei urungi
Hei whakapuru atu i ngā tai marangai
E te ao Māori, e kekere nei, e titiwha nei
Tēnei a Kōpū, te whetū rere ata
Te whetū tohu i te pūao o te ata tū
Kua whakawhenuatia, kua rehurehu ki te rua
Kua kore rā e mahuta mai anō i te pae
E taukapokapo, e hīnātore mai anō i te rangi
Te Rangiāniwaniwa, e koro e
Kei hea rā he huringa ake?
Auē! Te mamae, te aroha e ngau kino nei!

Kohitātea te marama, 1985 te tau, ka kapohia mai e te ringa kaha o Aituā a Ngoingoi Kumeroa Pēwhairangi, te wahine mana nui, te wahine rongonui nei o roto mai o Tokomaru, ā, eke ana te motu ki runga i tōna papa o Pākirikiri ki te kawe atu i te aroha ki te iwi o te wahine nei, ki te tangi anō hoki i ō rātou taha i te ngaronga atu o tēnei wahine kī tahi.

Nōku te waimarie nui kia whai wāhi atu ki a Ngoi, ā, ko te reo me te ao haka te tino taukaea here i a māua. He wahine ngahau, he wahine whakatoi, he wahine mutunga kē mai nei o te ringa hora, o te aroha nui ki te tangata.

Ka noho au ka whakaaro ake me pēhea atu rā he kupu māku ki te wahine rangatira nei, ā, oti mai ana ko ēnei e whai ake nei:

Whakaipuipu mai rā te moana kei waho rā e
E āki mai ana ki Te Toka-namu-a-Mihi-marino
Ki uta rā ki Pākirikiri e
Ko te rite ki te wai kei aku kamo
Tineia ana te whetū mārama o te ao Māori
Kia pōuri, kia tuohu noa, kia mamae e
Kei hea rā tōu ritenga hei whakamau atu mā te iwi?
E koe, e te ngākau māhaki, e te ngākau aroha
Te tohunga whakairo kupu, te manu tīoriori o te motu
Mū ana i te rā nei e
Ngaro atu ana koe i te tirohanga kanohi
Ō taonga ia ka mahue mai
E kore e ngaro, e kore e wareware
Kāti, e hika, haere i tō tira mokemoke
Ko au e kapo atu i te rehu o te tai
E pā mai nei ki ahau e

Ko te kawenga i tēnei waiata ko tā whakapata.

He waiata ā-ringa anō te kawenga o tēnei o ngā waiata tangi i titoa hei whakanui i te kaumātua o Ngāti Whakaue, i a Hāmuera Taipōrutu Mitchell. Ki tā ētahi, kātahi nei te koroua nihoniho ko tēnei, engari ki a au nei he kaumātua ngahau, ka mutu he tangata haka, ā, mōhiotia ana ōna pūkenga ki tērā mahi me te kaupapa tonu o tēnei mea, o te haka. He poto te kakau o te paipa a tēnei kaumātua ka tū ana ki te whaikōrero, engari i roto i te poto ko te whānui o te rere o te kōrero, i kī ai au i tino hāngai ki a ia tēnei kōrero, 'Iti te kupu, nui te kōrero'.

He nui ngā nohonga tahitanga he kōrero haka te mahi, he kōrero anō hoki mō te reo me te tikanga e ngaro haere rā i tōna iwi. Ki te hoki wairua mai ia, tumeke ana pea i te kitenga iho, i te rongonga iho o te ora mai anō o te tikanga me te reo i ana uri whakaheke.

Nō te tau 1996, ka tū ngā whakataetae haka matua o te motu ki roto o Rotorua, ā, koia nei te waiata ā-ringa a te kapa haka o Te Whare Wānanga o Waikato:

Kei taku kōmutu taramea
I ripo ai tōu kakara ki te motu
Tīraha rā! Tīraha rā!
Ko wai hei piki tūranga mōu
Mō te wharau a te tini māioio
Mō te pona tarata a te iwi
Nei kua moe i te moe te whita, te moe a te rea?
Kāhuirangi ana tō iwi ki muri nei
Ko wai hoki hei whiu i te kupu whakarangatira
I te kupu whakahē, i te kupu whakatika?
Ko wai? Ko wai?
Kua kore koutou o tēnā momo i a koe nā, e Hamu
Kei te hinengaro te whakaaro
Puta tonu mai i te waha
Kāore he tirotiro, kāore he tītahataha o te kupu
Engari ia kotahi atu ana, nā titi ana!
I kīia ai koe ki te hūneinei

Kī te nihoniho, ki te ika whakawera

I wā rātou nei hoki, i wā te tamariki wāwāhi tahā

Tē aro i a rātou tōu momo, e koro, tē aro

Inā noa atu te waingōhia inā i whakaoko

Taukuri rā te tamariki, tōna āhua!

Kāti, e Hamu, kāti koa te moe

Maranga, whakarongo ki te karamihi reo

A ō waka puta noa

Ki ō pūmanawa e waru e kakapa nei

E tukituki nei i te tūrangahakoa

I te mea kua eke panuku

Ko te waka nā koutou nei i whakatere

Kua ū mai anō ki runga i a koe

Engari kua kore kē rā koutou

Nā konei ka maringi ko te wai o te kamo

Ka tangi ko te mapu

Hai!

Ka toko ake te whakaaro i Te Taura Whiri i te Reo Māori kia whakatūria he kura reo hei āwhina i te hunga e whakaako ana i roto i ngā kura rumaki, engari nāwai i pērā te whakaaro, muia ana ngā kura nei e te hunga hiahia noa kia pai ake ō rātou reo, ā, e haere tonu nei te kaupapa me te noho tonu koirā te whāinga matua. Noho ana ko Waimārama te wāhinga mai o te kaupapa i te tau 1989, ā, ko tētahi o ngā kaiwhakaako i te hunga haere mai ko Wiha Te Raki-Hāwea i te taha o te huhua noa o te hunga matatau ki te reo.

Nō muri i te pākūhātanga o Wiha rāua ko Tainui kua kōrerotia i runga ake nei, ka tīmata te kainga o Wiha e te mate kino nei, e te mate pukupuku, ā, mea rawa ake noho ana ia hei pārurenga mō te mate kino nei. He wahine rōreka, he wahine ngahau, he wahine purotu, koea nei e matea ana e te tini, e te mano.

Tīraha mai ana ia i te roro o tana whare i Tūteao i Te Teko hei whakaekenga atu mā te hunga aroha nui ki te wahine nei. Ka oti i a au aku kupu tangi ka riro nā Pānia Papa rāua ko Leon Heketū Blake te rangi.

He rau maharatanga rā, e te ngākau, he rau maharatanga rā
Tē taea te kotahi o roto mai i te huhua te kapo mai
Kia rongo kau noa i tō ngī, i tō reo wainene
I rahirahi ai te taringa
Kia kotahi anō kitenga i tō rerehua, i tō taiea, i tō tau
Me kore noa e tāpore te kōharihari e titi kaha nei
Ko tā hinengaro, 'E tomo, kei te hoa, i Mirumiru-te-pō
Ki te mūnga o te tini, te mano'
Ko tā ngākau ia, 'Ka ora tonu koe i konei
Haere nei te wā'
Kei taku piki kōtuku, kei taku mumu reo
Mā muri nei ō pārahi e takahi
I te ara o reo kia rere, o reo kia tika, o reo kia Māori
Te ara rā i hau ai ō rongo
E kore rā te roimata e puritia
Me tuku tonu atu kia maringi me he wai
Ko te mamae nei hoki, e Wiha, te utu o te aroha
E Wiha, te mamae, te utu o te aroha

Mā te aha i ēnei kupu nei hei mamahutanga ake i te huamo tarariki e ngau kino nei, e ngau kino nei. Kei te hoa, kei taku manu tīoriori, moe mai rā, moe mai rā.

Ka tae mai te kōrero ki a au kua hinga a Rongomaiāniwaniwa, te wahine a taku karangatanga tuakana, a Te Wharehuia, ā, kawea atu ana e mātou ki tōna whare tipuna, ki Tama-te-kapua, ki reira takoto ai ā ngaro noa.

I te mea he haere tāku ki Ahitereiria i te rā o muri tonu mai o te kawenga atu o Niwa, koia tōna ingoa i tino mōhiotia ai ia, ki tōna papa, kāore i taea e au te noho mai, ā, ka kōrero māua ko te tuakana, ka haere i tāku nā haere. I a au e ngaro atu rā, ka toko ake he kupu ki te hinengaro, ka oti i a au te whakatakoto, ko te rangi nā Leon Heketū Blake rāua ko Pānia Papa.

Ko ēnei waiata e rua, te tangi ki a Wiha me te tangi ki a Niwa, he waiata kau noa, ehara i te waiata ā-ringa, i te waiata rānei o te momo o nehe ā-kawe nei, ā-rangi nei, ā, kua mau ngā reo waiata o ngā tamariki o Te Panekiretanga e waiata ana i ēnei waiata nei i runga i te kōpae o *Te Reo kia Wana*:

E karanga kau ana, e Niwa, tahuri mai
Tē oko mai koe, whakangaro kē atu ana
I te ururuatanga ki ngā tōtara whakahae o te wao
Nā te aha kē rā i whati ai te marama?
Ko māua ko hirikapo e pūahoaho ana
Ko Aituā kāore ana maramataka
Ko tō te wā mana, tā te wā whakatau
E taea e tāua, e te tangata, te aha?
Me whakaae kia tuku ko nguha kia puta

Ko waikamo kia tāheke
Me kore e paku tau iho te mauri
E mauru ake ai te aroha
Te kitea nei tō korenga, e Niwa, i te pahī
Te rangona nei te tamō o tō reo roreka, o tō reo tōiri
Toko tonu ake ana a mahara
Hei miringa ngākau marū, hei mamahutanga
ngākau makau rau
I te wā o te onge, o te pūkonohinohi
Tāoro ana i tō wawenga tō tihi o Ngongotahā
Taupoki mai ana te waka i Maketū
Tuaone pakinga tai pari kore, tai rere
Ō tohu rā, e te tau, ō tohu rā
Kei taku manumea pīwari, e tiu koe, e tiu
Ki te kōmata o te rangi, ki Te Toi o ngā Rangi
Ki reira koe tū tapairu mai ai, e Niwa e
Ki reira koe tū tapairu mai ai, e Rangi e
E Niwa e

Ka tae mai te tono a Annette Wehi, te hunaonga a Ngāpō rāua ko Pīmia Wehi, i te matenga o Pīmia kia titoa e au he kupu hei tangi mā rātou ki te wahine nāna nei, otirā nā rāua tahi ko tana tāne ko Ngāpō, i hau ai ngā rongo o te kapa o Te Waka Huia, i noho nei ko rātou te kapa o te motu mō ngā tau e hia kē nei.

Kāore i pērā rawa taku mōhio ki te wahine nei, engari i ā māua tūtakitanga ki a māua i ngā hui kōrero haka, rongo ana au i te ngahau i te nohonga i tōna taha, ā, nā tērā i taea ai he kupu te kite mai:

E whae', e Pī', nōku ka rapu nei i ōku mahara
Toko ake ana i te ngākau te ui
'Kei hea kē rā te whetū takiaho mai o te rangi
I kōrekoreko, i kōnakonako nei i te kōmata
Kia tīaho noa mai nei anō
Ki runga ki ngā tuwhanga e kiwakiwa nei?'
Hua hoki au e auraki mai ana koe
Ka urupou nei ki raro, ki Paerau
Kātahi nei te pahewa, te pōau i ahau
Arā kē koe ka mene ki ō tīpuna
Ka riro nei i te tai pari kore o mate
Kia tangi tīkapa ko au ki Te Whatu-i-te-roro
Ko Kōpū, ko Tāwera rā i te ata, ko Meremere i te ahiahi
Te kaihautū, te kaipena i Te Kāhui o Te Rangi
Waihoki ko koe i raupī nei i a Ngāi Pūhou
I a Ngāi Taiohi ki raro ki tō maru
Ko tōna whakarewa ki te rangi ko Waka Huia
E tōrino nei tōna kakara ki ngā tōpito o te motu, o te ao
Kei te uranga mai o te rā ia te pārekereke
Kei te tuakana, kei a Waihīrere, e hau tonu nei ōna rongo,
I toua ai te kākano kia nohoia ko te whāriki o te whakaiti
Ahakoa whakaihuwaka, wairuatoa kē mai rānei, kei muriroa
Mai i a Te Kerekere ki a kōrua ko tō hoa rangatira e pūtao nei

Ngā ringa rehe o te ao o Tāne-rore, o Hine-te-iwaiwa
Mā muri nei ō mana e kōrero, ō paparahi e takahi
Iri mai rā, e whae', i te atamira o mate, iri mai rā

Kāore i roa i muri mai i te rironga atu o Pīmia ka hinga mai ko tōna hoa rangatira, ko Ngāpō, ā, nā Annette anō te tono mai ki a au mena ka whakaae ki te tito kupu hei waiata tangi mā rātou ki tō rātou matua, ki tō rātou kaiwhakaako, ki tō rātou kaitohutohu anō hoki.

Ko te karangatanga whaea o Ngāpō, i tana taha Tūhoe, ko Rāwinia, ko te tuahine o tōna matua, ā, kātahi nā te wahine haka ko taua kuia rā. Ko ia tō mātou kaiāwhina – mātou o te kapa o Tūhoe ki Waikato, ā, tāne tonu nei te tū a te kuia nei ka haka ana, engari nāna ka rongo te kapa i te ihi, i te wehi.

Ka haere atu mātou, te tira nui o Ngāti Kahungunu, ki Waihīrere ki te tangi ki a Ngāpō, ā, tīkona ana tērā te whenua e te hukapapa, e te tio, ā, tino rangona ana te hinamokimoki, te mākinakina i taua rangi rā. Nō te urunga ia ki te wharekai, i muri mai o ngā mihimihi ki a Ngāpō, riro ana mā te kapa o Waihīrere te mahana e uhi mai anō ki runga i a mātou. Ā kāti, anei ngā kupu o te pōhangahanga mō Ngāpō:

I riro koe, e Pā, i te hāhātanga o Pipiri, i te tiotiotanga o haupapa
I te tokinga o te kiri e te anu mātao
I te haehaetanga o te ngākau e te ngau kino o mamae
I te mapunga o tō papa i te ua mai i te rangi, i te ua mai i te whatu
Ka whati rā te hou o te pūtiki o Huia, o Hīrere
I te ākinga a te hau kaha o mate

Kia tāhurihuri kau noa i muri nei me aha rā?
Ū ana te tūāpapa ahakoa ngāueue, ahakoa ngāoraora, tē ngahoro ia
Inā raru te tangata, arohaina, inā raru ia ko koe me hautoa
He wā ka ūhia ki te whakaewarangi o papatū
I ngā wā katoa ia nohoia ko te pūkonohi-aua o te whakaiti
Mai i te matikao ki te manahua, ki te rerenga o te tiere ki tī, ki tā
Ngā hua rāia o tā te ihuoneone, o tā te ihupuku, o tā te tōngakingaki
E monoatia nei, e kaingākautia nei e te hea, e te rea
Ko tāu rā i ōhākī mai ki te ao hei manatunga, hei kahurangi
Mā ō uri, mā ō iwi i roto i te whare tapere o Hine-rēhia, o Whakauwhi
Tū pōkēkohu mai ana te tihi o Mākeo, o Pōhatu i te uru
Te tohu rā o te hinapōuri mōu kua tāia nei e te moe patu kino
Ahakoa ngaro ka tū tonu te mahara ki a koe
E te wenerautanga a te mano
I ngā huihuinga tāngata, i ngā ākinga a Tāne-rore
I ngā whakapoapoatanga a Hine-tītama hei reira mai rā koe
Kei taku kawau aroarotea, haere, takahia atu rā te ara
Ki Ruapōtītahi, ki te moenga i te makau
Kei te maruihi, kei te maruwehi, ko te pō rā ki a koe
E moe

Ko ngā rangi o ēnei waiata e rua o runga ake nei nā te kapa tonu o Te Waka Huia i kimi mai, ā, e whai ana te kawenga i tā aweko.

Tūpapahū ana te whenua i te hinganga o te rākau hītawetawe o te wao nui o te ao Māori, whati ana tōna kauru i te ākinga a te manu waero rua o Muri. Ū atu ana ngā tātai whakaheke o ngā waka ki te marae o te motu, ki Tūrangawaewae, i mapu nei i te maringitanga o te roimata. Ko te wahine o te motu tēnei ka riro i taua ringa e kore nei e taea te kaupare ki rahaki, ko Te Arikinui Te Atairangikaahu o te rārangi Kīngi, te whakahiatotanga o ngā kāwai rangatira puta i Aotearoa.

Ka tono mai a Te Kāhautū Maxwell, tētahi kaihaka, te kaiwhakaako anō hoki o te kapa o Ōpōtiki Mai i Tawhiti kia kimihia mai e au he kupu hei waiata mihi mā rātou ki te Upoko Ariki nei, ki a Te Atairangikaahu. Ko te kawenga he waiata ā-ringa, ā, ko te rangi nā Fred Williams, nā tētahi tonu o te kapa. Ko tētahi o ngā waiata ā-ringa tino ātaahua tēnei i te otinga mai, rangatira ana te hiki mai a te kapa o Ōpōtiki Mai i Tawhiti:

E tō e te rā! Engari anō koe he ngaro ka hoki mai
Tēnā ko taku Ariki he ngaro ka oti atu
Ka waiho i a au ki konei noa whakamāpuna ai
E Rangi, kei taku Ariki, me aha kē rā au
I te korenga nei ōu, o te kaiurungi i te waka
Hei tohu mai me ahu pēnei, me ahu pērā
Kia kore ai e hūtuki ki ngā taunahua
E tīkoki ai, e tūpoki ai, e tīrehe ai te waka?
Ko tāu he āki kia mau tonu, kia ū rawa te waka ki uta
Kāti, tērā a Taupiri te tū mai rā me te mōtoi iho
Ki te iwi ka pōau, ki te iwi ka māngi, ki te iwi ka matoha

Hei roto i te wā ka puea ake i te pōuri, ka tū kaha anō
Nō rau o rangi te hua maharatanga, a koe rā me ō mana tiketike
I noho tonu i te whāriki o whakaiti hei whakamīharotanga mā tuarea
Nō reira kei taku kōtuku noho awa, kei taku tumu herenga waka
Moe mai rā i tō tihi hikonga uira e parewaikohutia nei
Ko taku mihi tonu tēnei e kore e mutu
Kei taku rei kura, kei taku koko kairangi
E moe

Ka hinga mai rā taku karangatanga tuakana, a Tākuta James Te Wharehuia Milroy, ka whakaaro ake au ki tahi kupu hei waiata, hei mihi māku ki te tangata nei.

Ko māua i whai wāhi atu ki ngā wānanga a ngā kaumātua o tō māua iwi, o Tūhoe, i a rātou e whiriwhiri rā i ngā take huhua e pā ana ki te iwi, ki ngā kōrero anō hoki a te iwi mō te iwi me ōna kārangarangatanga maha mai i Te Waimana ki Te Wai Kaukau. Ki te rangatahi, ngahau ana tērā te whakarongo ki ngā tautohetohetanga, ki ngā whakahētanga, ki ngā whakaaetanga anō hoki, ki te whakarongo ki ngā reo o tēnei hunga matatau ake nei, matatau ake nei. Ko māua i noho hei āhua tonotono mā Te Rangihau, engari nā te katoa o ēnei āhuatanga ka mōhio au ki tōku, otirā ki ō māua waimarietanga.

Ka oti ngā kupu nei, ka tukua e au ki aku kaiwhakarangi i aku kupu, ā, e tāria nei te huranga o te kōhatu o taku tuakana e puta ai te waiata nei ki te ao mārama.

Te Wharehuia, kei taku ariki, ko onge rā te hoa haere
I ngā ara takitini, i ngā ara takimano i rīpoia ai, i
  kaihoratia ai e tāua
Ki te kawe i te reo, ki te kawe i te tikanga ki a Ngāi Iri-
  mārō-te-manawa
Mā wai ō mana, ō rongo e tākiri i muri nei?
Mā ō poipoinga, mā ō moromoringa!
Ko ō rekereke nei te nohonga i rangona ai
Te paki o te kōrero, te hangatītī o te kupu, te rētō o te
  whakaaro
Me tō aroha nui ki te tangata
Ko ō mana ka tū tonu, ko ō rongo ka hau tonu
  ko ō kupu ka haruru tonu
Kūhā-tārewa te papa i tau ai i ō kaumātua
Ko koe hei ārahi i te iwi
Inā rā koe i whakarongo, wai ka hua, wai ka tohu
Kua pēhea kē rā te iwi i te wā nei?
Ō tihi ka tūkorehu, ō papa ka whakapahī
Ō wai i kōtaotao, i hiwawā, kōrawarawa ana i tō rironga
Mai i Pani i te wai kaukau, Te Riu i te tuawhenua, Kōura i
  te whārua
Kōrua, ngā mana nui, taeki ana i whenua kē, i iwi kē
Mā te aha rā ia i te awhi reinga ki te kiri taupuhi
Kāti, whakaangi rā ki te whānau mārama
Whekite mai ai, wheriko mai ai
Kei taku ariki, e

Mai, mai tātou i whakanui ai i ō tātou tini mate ki te haka, ki te waiata, ā, ko te koanga ngākau kei te pērā tonu tātou. Ko te waiata ā-ringa kua uru mai anō hei waka kawe i te whakaaro, engari e maumahara ana au ki te kōrero a Tā Kīngi Īhaka, i a ia e noho Tiamana ana mō te komiti whakahaere i ngā whakataetae matua o te motu, i kī rā, 'He aha i haria mai ai ngā mate ki te atamira whakataetae whakanui ai, tē whakanui kē mai ai i ō rātou ake marae?' Makihoi ake ana nei tērā pātai i te ia o te ao haka o te wā nei!

Ko te mataku nui ōku ake nei ki tēnei mahi, ki te tito waiata ahakoa te kaupapa, ko te rite tonu o te tiki atu i ētahi rerenga kupu ka toai, ka toai, tē kimi kē i rerenga noa atu. Ahakoa he aha te kaupapa ka whakaritea mai kei konei te anipā, kei tāku kua whakahua ake nei. I te mutunga iho hoki, ko aua whakaaro tonu rā ahakoa he tangi, he whakanui, he whakahē, he tautoko kē rānei, ko te kōpaki ki kupu kē i ia wā ka tahuri ana ki te tito. Arā te mahi a te kupu e puehutia mai rā i te korenga i whakamahia, nō reira me nanao pērā te ringa o te kaitito, whātorohia mai, ka whakauru ki te titonga. Ko te hua nui o te mahi tito, atu rā i te paitia mai o tāu i tito ai, ko te pūhakehake o te kete kupu, o te kete rerenga whakaaro.

Heoi anō, waiho ko ēnei hei waiata whakatauira atu ki te hunga ka tito ā tona wā.

Whakaahua 1: Ko Ngāti Rānana te kapa pōwhiri i a Sir Bernard Freyberg, i te Kāwana Tianara o Aotearoa i tōna wā, ki te Guild Hall, i Rānana, i te tau 1962. Ko Tīmoti kei te taha mauī o te whakaahua nei. Ko ōna hoa haka (mai i te taha mauī) i te aroaro ā-kapa, ko Luie Tāwhai, ko Margaret Paiki, ko Norma Mōrehu, ko Winnie Waapu. Ko te kapa o muri (mai i te taha mauī), ko Cini Boynton, ko Phyllis Komene, ko Margaret Smith, ko Ben Wanoa.
Nā Tīmoti Kāretu te whakaahua

Whakaahua 2: Ko te whakatuwheratanga o Tūrongo i Tūrangawaewae i te tau 1938. Ko Te Puea Hērangi kei mua i te kapa, ko Apirana Ngata kei te taha mauī o te whakaahua. E kīia ana nā tēnei tokorua te momo waiata ā-ringa e mōhio whānuitia nei e tātou i tīmata.
Nō te National Library of New Zealand te whakaahua

Whakaahua 3: Ko Tuini Ngāwai (e mau pari ana) rāua ko Ngoi Pēwhairangi (kei te taha mauī o Tuini), nō Te Whānau a Ruataupare, e haka ana i te hui whakanui i a Te Moana Nui a Kiwa Ngārimu i te tau 1943. *Nā Te Papa Tongarewa te whakaahua*

Whakaahua 4: Ko tētahi o aku hoa piripono i te ao haka, ko Kumeroa Ngoingoi Pēwhairangi. *Nā Sonny Te Karu te whakaahua*

Whakaahua 5: Ko Paraire Tomoana tētahi o ngā kaitito rongonui o Ngāti Kahungunu i te wā o ngā pakanga nui o te ao. Ko 'E pari rā' me 'I runga o ngā puke' ētahi o ana titonga e waiatatia tonutia nei.
Nō te kohinga whakaahua tūmataiti a Samuel Carnell 1900 tēnei whakaahua

Whakaahua 6: Ko Kuini Moehau Reedy tētahi o ngā tautōhito o te ao haka, e mahi nei i tāna mahi i Te Matatini ki te Ao i te tau 2019. *Nā Darryl Crawford te whakaahua*

Whakaahua 7: Ko māua ko Te Arikinui Te Atairangikaahu i te huritau muna 50 o Tīmoti i tū ki Tūrangawaewae i te tau 1987. *Nā Tīmoti Kāretu te whakaahua*

Whakaahua 8: Ko Tākuta James Wharehuia Milroy i tana huritau 80 i tū ki Rotorua, i te tau 2017. *Nā Rāwhitiroa Photography te whakaahua*

Whakaahua 9: Ko māua ko Wiha Te Raki-Hāwea o Ngāti Awa i te Kura Reo o Waimārama i te tau 2009. *Nā Tīmoti Kāretu te whakaahua*

Whakaahua 10: Ko mātou ko te tokorua mārena, ko Tainui Stephens rāua ko Wiha Te Raki-Hāwea i tō rāua rā ki Ahipara, i te tau 2007. *Nā Nadine Malcolm te whakaahua*

Whakaahua 11: Ko te pākūhātanga o Tipiziwin rāua ko T Tolman, ki Standing Rock, i te tau 2015. *Nā Tipiziwin Tolman te whakaahua*

Whakaahua 12: Ko Hāmuera Taipōrutu Mitchell i te whakatuwheratanga o te whare taonga o Rotorua i te tau 1993. Kei muri i a Hāmuera a Trevor Maxwell rātou ko Kawana Nepia, ko Mrs Morrison e tū ana. *Nā Raewyn Saville te whakaahua*

Whakaahua 13: Ko te kuku o te manawa o taku tuakana, o Te Wharehuia, ko Rongomaiāniwaniwa Milroy, nō Te Arawa, i mōhio whānuitia ko Niwa. Wahine rōreka, wahine rerehua. *Nā Tīmoti Kāretu te whakaahua*

Whakaahua 14: E hau nei te rongo o te tokorua nei, o Ngāpō rāua ko Pīmia Wehi i ō rāua pūkenga tito waiata, i tā rāua ārahi hoki i ngā kapa haka toa o te motu. Ko Waihīrere i tōna wā, ko Te Waka Huia me ōna pekanga anō hoki i muri mai. *Nā te whānau Wehi te whakaahua*

Whakaahua 15: Karapotia ana a Ngāpō rāua ko Pīmia e ā rāua kaihaka nō Te Waka Huia. Ko tētahi o ngā harataunga tēnei i te tau 2008, e whakarite ana rātou mō te tū ki Te Matatini ki Tauranga i te tau 2009. *Nā Tāpeta Wehi te whakaahua*

Whakaahua 16: He Hui Kaiwhakaako Reo Māori i tū ki Mātaatua Marae, i Rotorua, i te tau 1973. Ko tēnei whakaahua ko ngā ringawera o te hui, nā te mea nā Tūhoe te karanga, nō Tūhoe katoa ngā kaimahi atu i te hunaonga Pākehā, i a Murray Short. Ko ngā ingoa e maumahara ana au, mai i muri: Te Ariki Mei, Matehuirua Tihi, Kerenga Tait, Murray Short, Mihi Apirana, Tīmoti Kāretu. Te rārangi o waenga: Ani Hare, Te Waiārani Harawira, Rinaha Rawinia Tumaha, Daphne Manihera, Ron Peita, Eva Wīmutu, Meinga Pukepuke. Tō mua: Wiremu Haunui, Netahio Tait, Wena Rangihau, John Rangihau, Takapau Aranga. Ko Rangi Paku kei mua e noho ana. *Nā Tīmoti Kāretu te whakaahua*

Whakaahua 17: Ko ngā Kaitātaki o Te Whare Wānanga o Waikato. Ko Joe Harawira kei taku taha katau. Ko Te Rita Papesch kei taku taha mauī. Kei tērā o ngā pito a Moana Whatarau.
Nā Tīmoti Kāretu te whakaahua

Whakaahua 18: Ko mātou ko ngā kaiwhakarangi i aku kupu i roto i ngā tau o Te Panekiretanga kua pahemo. Ko Leon Heketū Blake kei taku taha katau. Ko Pānia Papa kei taku taha mauī. He mea whakaahua mātou i te Kura Reo ki Ōtaki i te tau 2013.
Nā Ngaringi Katipa te whakaahua

Whakaahua 19: Te Kapa Whakaihuwaka o Te Matatini o te tau 2019, ko Ngā Tūmanako.
Nā Ngā Tūmanako te whakaahua. Ko Peter Lee te kaiwhakaahua

Whakaahua 20: Te tarapeke a ngā tāne o te kapa o Te Rerenga Kōtuku, o tētahi o ngā kapa kua kawe i aku titonga ki te atamira o Te Matatini i roto i ngā tau.
Nā Sheree Cotter te whakaahua

Whakaahua 21: Ko te Tira Haere Tuarima o Te Panekiretanga o te Reo e manaakihia ana e te iwi Mohawk i Montreal, i te tau 2019. Mai i te taha mauī: Shaia Twomey, Dr Mere Skerrett, Hana Mereraiha White, Ngahuia Wade, Hūrae White, Kare Tipa, Maraea Hunia, Mātai Smith, Alex Hukarere Nippert, Makoha Gardiner, Justin Te Rangiparuhi Tipa,

Whakaahua 22: Te tū a taku kapa, a Te Whare Wānanga o Waikato ki te taha o te awa o Waikato i ngā Whakataetae ā-Motu o te tau 1992 ki Tūrangawaewae. I te aroaro ā-kapa nei, mai i te taha mauī ki te taha katau, ko Christine Papuni, ko Ngaringi Katipa, ko Tāwhaki Papuni, ko Te Rēhia Komene. Ko ngā tāne e kitea ana i muri, i te taha mauī, ko Reuben Collier rāua ko Te Anga Nathan. *Nā Tīmoti Kāretu te whakaahua*

Chris Winitana, Dr Hana O'Regan (kua hunaia), Tinamaree Kaipara (kua hunaia), Ngaringi Katipa, Ranginui Rikirangi-Thomas, Te Aro Moxon, Ruth Smith, Whakaarahia Koroheke, Leah Te Whata, Urupikia Minhinnick. Kei te tēpu māua ko Tiki Koroheke e noho ana.
Nā Tinamaree Kaipara te whakaahua

Whakaahua 23: Ko te kapa o Te Whare Wānanga o Waikato i ngā Whakataetae ā-Motu o te tau 1996 ki Rotorua. Ko ngā tāne tokotoru kei mua e āta kitea ana, ko Te Tūmatakuru O'Connell (e whētero ana), kei tōna taha katau, ko Watson Ohia, kei te taha katau o te whakaahua, ko Joe Harawira, ā, ko Nathan Whanga kei muri i a ia.
Nā Tīmoti Kāretu te whakaahua

Whakaahua 24: He mea whakaahua tēnei whakaahua ōku i te marae o Hui-te-Rangiora i Kirikiriroa i mua i te haerenga tuatahi o Te Whare Wānanga o Waikato ki tāwāhi, i te tau 1980. Ko te kahukiwi e mau nei au he mea homai e te tuakana o Mauwhare, e Te Wairēmana, hei tiaki i a au i aku haere i te ao, ka mutu, kāore anō kia mutu noa aku karoretanga!
Nā Tīmoti Kāretu te whakaahua

Te haka tēnā! Te wana, taku ihi e, pupuritia!

Ngā Waiata Whakangahau a te Ao Māori

'Tēnā i kūmea!
Tīwhanawhana ana, tīwhanawhana ana
He moana kino, he moana kino
Taku ringa mau tonu ki runga ki tō puke huruhuru
Parea mai, e kō
Tērā te wāhi i kīia mai ai
He timo kei runga, he timo kei raro
He timo kei runga, he timo kei raro
He timo kei te waha o tana mahea matamata koikoi
Ohi kau e!'

He whakatauira noa atu tēnei ki a tātou i te kore i paku pōrahurahu o rātou mā ki te whakahuahua ake i roto i ā rātou titonga tā rātou i tino whakaaro ai. Ko te whakaaro āhuaatua kua uru mai nei ki roto i te ao Māori he ōhākī mai nā te ao hāhi o te Pākehā i riro nei nā reira te wairua ngahau, te wairua whakakatakata, te wairua Māori i āpuru, i whakakōmau, i where anō hoki.

Ehara ō tātou tīpuna i te hunga kurupena, i te hunga whakamoroki, i te hunga whakamoke rānei i te whakaaro, engari toko ake ana i te hinengaro, i te ngākau, i te puku, i raro kē atu rānei, whakakupuhia ana taua whakaaro rā, ā, tukuna ana kia rere ki tōna wāhi i tameme ai.

Tauira atu, tauira atu kei roto i ngā pātere, i ngā waiata aroha, i ngā waiata tangi, i ngā kaioraora, i ngā haka, otirā i ngā titonga katoa a te ao tūārangi. Ko te nuinga o ēnei o ā rātou titonga i takea mai i te haehaetanga o te aroha, o te mamae i te ngākau o te kaitito, ā, whakatinanatia ake ana taua āhuatanga rā ki te kupu, ka tāpiri mai ai ko tōna rangi, ko tōna taki, ko tōna hari, ā, oti mai ana ko tētahi tino huia kaimanawa hei whakamihatanga mā tātou o muri nei.

Ko te katoa o ēnei titonga kāore i paku waiata ngahau nei ki tā tēnei wā titiro, engari e tīkina atu ana e au hei whakatauira noa ake i te korenga o rātou i horokukū ki te tuku i te whakaaro kia rangona mai ahakoa anga pēhea ngā kupu, ko te mea nui ia kia titi ki te taringa tonu o te hunga whakaoko mai.

Ka kōrero tētahi o ō mātou kuia, a Te Moe-tū-tāhuna, mō te whakareretanga ōna e Tāmati Te Ihuwaka i hoki nei ki tana wahine. Ko te tangata nei, ko Tāmati kua taipakeke kētia ka moe nei i a Te Moe-tū-tāhuna, i te puhi o te iwi, engari i hinga ai ia i te koroua nei he tau nō Tāmati ki te haka, i puta ai te kōrero i waenganui i a mātou, 'Me whakaihuwaka koe i a koe', arā, kia rite anō ki te koroua rā te pai, te tau ki te haka. Ka haere ētahi o ngā kupu a te kuia nei:

Ko ahau kei te ngutu e mauria ana mai
Mō taku kaikapotanga i te ure o te tangata

Ka haere anō ngā kōrero o tētahi atu o ngā whiti:

He mea ai tōku kua pūkawatia
Nāku rawa i maro iho ki te rau kawakawa
Moe iho ai au i te moe korohiko
Kei te whare pora 'hau o Hine-te-iwaiwa e

Ki konā a kuia whakakakara atu ai i a ia he aha te aha, kua kore kē hoki te tāne i aro atu, nā reira ka haere atu te wahine nei ki te tohunga. Ka kī atu te tohunga kia haere ia ki Te Waimana whakakite atu ai i a ia, engari kia kaua e puta i a ia he kupu, me whakakite kau noa i a ia.

Ka whai a kuia i ngā tohutohu, ka kite mai tana koroua i a ia, ā, nāwai, nāwai kua mahi ngā karakia a te tohunga, ā, i te mutunga iho hoki mai ana te koroua rā ki tēnei o āna wāhine.

Kei te pātere a Manomano o Tūwharetoa ēnei kupu:

Mene tonu mai runga, mene tonu mai raro
Mene tonu mai te ngare o Rangiita
Hei kahikahi te aroaro
Kātahi nei ka tikanga, kātahi nei ka pononga
Kātahi nei ka rawerua taku tara ki te ai
Nō roa te āminga mai o taku tara
He aniwha koia te manawanui o taku tara
Ka whiti rā te pae?

Kei te pātere rongonui anō hoki a Erenora Taratoa o Ngāti Raukawa ēnei kupu:

Ka rawe rā māua ko taku tara ki te hāpai ewe ki ngā whenua

Kei te kaioraora a Tāmaku o Ngāi te Rangi mō Ngāti Whakaue o Te Arawa:

Ko te huruhuru o tōku teke
Kia pikitia ngā pīnakitanga ki Moerangi
Kia mārama te titiro ki ngā matawhanga o Rotokākahi
Ka tuwhera mai ngā hūhā o Te Whareangaanga
Taku kai e!

Kei te pātere a Kārangi o Ngāti Tūwharetoa mō Herea o te whare ariki o Te Heuheu ēnei rārangi:

E poia ake ana te tara i raro
Kia riro mai taku ipu whakairo ko Te Heuheu

Ka haere anō ana kupu:

Ki Te Kaha-makau-rau, ki a Te Hoatiki
Ko te rawa hoki, e Whata
I whakaihia ai tōku teke
Mei tūtakina inamata kia karapīpiti

I patua a Pohoiti, te rangatira o Ngāti Te Rangiita o Ngāti Tūwharetoa, he karangatanga tungāne nō Kārangi, ā, ko Tākēkē o te tira o Herea te kaipatu. Koia nei te takenga mai o tēnei kaioraora.

Ka kōhurutia rā te rangatira o Tūhoe, a Te Maitaranui, e Tūakiaki o Ngāti Kahungunu i te hākari i tū nei ki Te Reinga. Nā Tūakiaki anō a Te Maitaranui i pōwhiri kia haere atu, ka noho karangatanga taokete hoki i te moenga i a Te Motu-o-ruhi, i te whanaunga o Tūakiaki.

I whakaohititia rā a Te Maitaranui e Te Ua, i whara nei i a Te Maitaranui i tētahi o ngā pakanga, kia kaua e haere atu, tē whakaoko a Te Maitaranui. Ka hora rā ngā kai o te hākari, ka tū mai a Tūakiaki me te rākau ki te ringa, ka mātau i a Te Maitaranui kua eke te wā ki a ia ka puta rā i a ia te korero, 'Tē rangona te reka o tō kai, Tūakiaki.' Mate ana te nuinga o te tira o Tūhoe ka tunua, ka kainga, ko ngā toenga ka raua ki te tahā.

Kāore i roa i muri mai o tēnei, ka tae mai tētahi wahine rangatira o Rongowhakaata, a Te Whaitiri-o-te-rangi, e haere mai ana i runga i te hiahia atu ki a Te Maitaranui. Te taenga mai kua mate kē, ā, whakatūria atu ana e Tūakiaki te tahā kiko tangata ki mua ki tōna aroaro hei kai māna, ā, ko te puru rourou ko te kiko tonu o Te Maitaranui. I mōhio tonu te wahine rā, nā reira kāore i toro te ringa ki te tiki, engari ka puta i a ia te kōrero nei:

Moumou rawa mai te kai a te tara nei mā te ahi e kai
He ure mahue kino i te kurutai one i riro ai Paetawa
Ka kitea i reira te ure i a Rangiaho
Kopuka riorio, takoto tahanga noa
Te kai a te mere koti o Te Motu-o-ruhi

Kei roto anō hoki i te ngeri o 'He oranga mai' ngā kupu:

Ki te tohe mai ia he aha te kai mā te niho kehokeho
He keho anō! Tū ana te kehokeho!
Ngaua ki ō niho, he mamae poto
Kei pakoko kei tua tērā whaitua
Tihe!

Kia huri ki ngā pao me ngā harihari kai, kei reira anō ngā tauira pēnei i ēnei nei.

Ka noho karangatanga tuahine a Te Waiārani Harawira o Rūātoki ki a au, ā, ko ia anake te wahine kua rongo au e kawe ana i tēnei pao. Ko ngā tohutohu atu a te kuia nāna nei ia i whakaako ki tēnei pao, kia tae ia ki ngā marae, ā, kua tae ki te wā e puta ai ngā mihi a tūwaewae ki te tangata whenua, ka mutu kāore he tāne hei whakaputa i aua mihi, koia nei te wā e paohia atu ai te pao nei,

Kua kī taku puku
Ko te waha kei raro
Kei te hiakai tonu e!

Ko tēnei e whai ake nei, i rongo au i a Te Kirimangu o Ngāti Hauā ki Tainui, tētahi wahine tohunga ki ēnei momo mahi,

Karangatia he mīti, karangatia he rīwai
Ki te kore, karangatia ko au

Ko te pao hoki, e mārama ana tātou, titoa noahia ai e te wahine i a ia e haere rā i roto i te wharekai, i hea noa iho nei rānei, ehara i te mea kua oti noa atu ngā kupu, engari he kite nāna i tētahi āhuatanga, ka toko ake he whakaaro ki a ia e pā ana ki taua āhuatanga rā, hei reira kua kōpakina e ia ki te kupu, ā, ko tōna putanga ki te ao he pao.

Ko te pao me kaha ngā wāhine ki te whakahoki mai i te mea he tikanga ātaahua, ā, he wā hoki e taea ai e rātou ō rātou nā whakaaro te whakaputa ahakoa te kaupapa. Kāore i pērā rawa te herea pērā i te karanga me ōna tikanga katoa.

Tēnā, kia tahuri ake tātou ki ngā harihari kai pēnei i tēnei:

Haria i runga, haria i raro
Haria i pō kenekene
Ka koemi, ka kotamu
Hei! Hā!

I te tānga o te kawa o tō mātou whare, o Te Poho o Tūhoe-pōtiki i te marae o Te Waimako ki Waikaremoana, ka whakatauhia ko te kōparepare mai a Ruatāhuna, he huahua hei whakatakoto ki te aroaro o te ope o te rā. I roto o Tūhoe, ko te kererū he kai nā te wahine. Ka waimarie ngā tāne i ngā toenga mai. Ko te kaiarataki i te harihari kai i taua rangi, ko Te Rangiāniwaniwa Rangihau me mātou ko Te Waiārani Harawira i tōna taha. I muri mai i a mātou, ko ngā puhi e hari mai ana i ngā huahua, ā, ko mātou i te kawe i te haka harihari kai. Koinei pea te wā whakamutunga i whai wāhi ai au ki tēnei tikanga. Anei ngā kupu o tētahi o aua haka rā:

Pakoko! Pakoko!
Pakoko ngā raho o [wai rā], Pakoko!
He aha i pakoko ai ngā raho o [wai rā]?
Nā te [kore/nui o te] kai pea i pakoko ai ngā raho o [wai rā]
Pakoko! Pakoko!

Ko ēnei e rua nei nō roto mai o Tūhoe.

Ko te harihari kai a ngā iwi o Te Tai Hau-ā-uru e pēnei ana:

Heihei! Hei aha te heihei?
Ko te kai whakaohorere i te atapō

Tē ngata te puku i te awhiawhi
Auē! Auē! Te hiahia e!

E ngau e, tō tenetene
E ngau e, tō tenetene
Te kai whakaputa i te ure ki waho rā
Torotī! Torotā!

Anei tēnei nō ēnei wā tonu nei:

He kai! He kai!
Mā te waha o runga, mā te waho o raro
Apuapua! Apuapua! Kia ngata! Kia ngata!
Kia rongo rawa koe i te reka e!
Anā tō kai! Anā tō kai! Anā tō kai!
Hei!

Ka tū ngā pihi o ō mātou koroua o Tūhoe i ētahi o ā Tā Timi Kara mahi i kokoraho rā i tētahi wāhanga o ngā whenua rāhui o Waikaremoana mō tona iwi, mō Ngāti Kahungunu. Nā, ko te whakatinanatanga o taua korenga i whakaae ki ngā mahi a Tā Timi Kara ko te haka e whai ake nei ko tētahi o ngā whiti:

Auahi ka kā kei Pōneke rā
Kei raro iho ko te Kāwana
Te hoa moenga i a Timi Kara
Ko te ure i tākaia nei ki te rau o te nōti
Tiaia mai hoki ki te rau o te hiriwa
Kia pai ai koe te kai i te whenua e

Haere he āhuatanga, haere he āhuatanga ko taua rite tonu, puta ana te whakaaro o te kaitito me tōna kore i paku aweke, i paku utiuti rānei ki ngā kupu ka tīkina e ia kia tino puta ai tāna i whakaaro ai. Ko te mea nui kia mārama ki te kaiwhakarongo, kia ngahau anō hoki te puta i ōna wā e ngahau ai.

Kāore he raru o te hinengaro Māori ki te pātai i whiua rā e Te Rauparaha i roto i tana haka:

Āhea tō ure ka riri, āhea tō ure ka tora?

E kore hoki a Ngāi Kiritea e whiu pēnei i te pātai ki ngā kupu kua whakamahia nei e te kaiwhiu, ā, ahakoa ngā kupu kua whiriwhiritia e te kaitito, arā kē noa atu tōna tikanga i runga anō i tō te Māori āhua ki te tiki atu i konei te kupu, engari kei kō kē noa atu te tikanga.

Nō te ūnga mai o Ngāi Kiritea me ā rātou nā rangi, i kakama tonu ō tātou tīpuna ki te toro atu ki aua rangi rā hei waka kawe i ō rātou whakaaro ahakoa poi, ahakoa waiata ā-ringa, ahakoa waiata pēnei rānei i ēnei e kōrero nei ahau i te pukapuka nei. Kāti, tēnā, kia parea ake e tātou a whakapata ki rahaki mō tēnei wā ka tahuri ai ki te ao o ēnei wā me ōna titonga katoa.

I te wāhinga o ngā kōrero nei, i kī au kua riro mā tā te hāhi titiro e kore ai e ngahau, e kore ai rānei te Māori e katakata. Nō reira kua āta whiriwhiritia te waiata ka tirohia, ngā kupu rānei ka whakamahia.

Kua kore kē hoki tō tēnei wā reanga e tito i te momo waiata e whai nei au kia kōrerotia, kia whakamīharotia i runga anō i te punenga o te kupu i whakamahia me te tohunga o te whakatakoto. Kāore au i te whakahē i te kōrero ko ētahi kē o ngā waiata nei ka anuanu, ka nohunohu, ka konekone kē ki te taringa, engari i te mutunga iho, kei te āhua tonu o te hinengaro o te kaiwhakarongo.

Ko ngā waiata ka whai ake nei, waiho ai e ō tātou tīpuna hei waiata mā rātou i ngā wā o te ngahau, arā, i a rātou e kai rama ana, e noho tahi noa ana e kōrero takurua ana; nā, hei reira rangona ai. Ehara hoki tērā i te mea hou, pērā anō ai hoki te Pākehā ā ōna wā ka kai rama, kua tahuri ki ēnei momo waiata.

Kerakera ana tērā ki te taringa Māori ngā kupu Pākehā, engari mena ki te reo Māori kua kore noa iho i māharahara. Nā, ae rānei he tika rawa atu tērā whakapae, e whakahāwea kē ana rānei tātou i te Pākehā? Waiho tērā ui ki konā noa noi mai ai mō tēnei wā, me kore noa e tūpono ka hoki mai anō tātou ki taua pātai ā taihoa ake nei.

Ko te wairua o ngā waiata o ēnei wā, otirā o ngā tau e rima tekau ki muri, neke atu rānei, i rere kē noa atu i ērā a ō tātou kahika, engari ko te whakamahinga o te kupu i whai i aua tauira rā o te hou tonu atu ki ngā taihemahema, ki ngā wāhi tapu o te tāne me te wahine me tā rāua i mahi ai ki a rāua anō.

Tēnā, kia whāia ake e tātou ētahi o aua waiata nei. E rua, e toru pea ngā mea kua tino rongonui, kua pārāweranui rānei te mōhiotia i roto i ngā tau nei. Ā kāti, kia whakatauiratia ake:

Kua raru koe, e tama, kua pānuitia
Pīki whara tō taiaha, he muramura
He muramura, he muramura
Pīki whara tō taiaha, he muramura.
I tēnei pō, i tērā pō, i ngā pō katoa, e hine
He muramura

Ko te waiata anō hoki a Tuini Ngāwai e whakarārangi rā i ngā mahi a te hunga katikati hipi. E hia nei ngā whiti o te waiata nei, engari ko ētahi noa iho me whiriwhiri hei whakatauira atu i te ihumanea o te wahine nei ki te tito me te mōhio kē ōna ki te āhua o ēnei momo kaimahi:

Kei te hotuhotu te haruru a te mīhini i Makomako
Kei te puku, kei te papa ngā ringa o Hakara romi ai
Kia kaha rā kei tangi a Big Ben

Kei te noho puku rā te tokoroa our Māori Boss,
He whakatōnga ki te koroua, kei te habahaba mō te rua rau
Kia kaha rā kei tangi a Big Ben

Kīngi Horomona te tangata mātauranga, kei te whakapū e
Whakarongo e te Inga, ki te hana o te Mosquito
Kia kaha rā kei tangi a Big Ben

Kua wehe ngā paraikete kei te makariri te whetū mārama
Ka ngutungutu ahi ki te taraiwa ki a Epeke
Kia kaha rā kei tangi a Big Ben

Ngā perehi kia kaha te perehi mai i ngā Piriho e
He whakatipu kaha i te ata mōrena 5 o'clock
Kia kaha rā kei tangi a Big Ben

Ka titiro whakararo ki te pikiraka, ki a Topapa e
I te ata, i te pō, piki ana, heke ana lumbago
Kia kaha rā kei tangi a Big Ben

He aha rā te karaehe o te puke huruhuru Tamepō e
Auē tama Topsy e, purua ki konei e Whaikare
Kia kaha rā kei tangi a Big Ben

Tēnei rā te kupu a te kuki nama tahi e, 'Come and get it!'
E te kuki nama rua kei raro ko te kai, 'oh you dope'
Kia kaha rā kei tangi a Big Ben

Ka kohete, ka kohete, ka puku ko ngā rae o ngā rōrapu
Ka putu ngā wuru, ka maka noa, 'What a wicked floor'
Kia kaha rā kei tangi a Big Ben

I roto i tēnei o ana titonga e hia kē nei, kei te whai a Tuini Ngāwai i te tauira kua takoto kē mai i ngā kaitito o ēnei momo waiata o mua atu i a ia, arā, o te tiki atu i te kupu Pākehā ka whakauru mai ai ki ōna wāhi e ngahau ake ai te rere o te kupu, e whakakataina ai hoki a Ngāi Whakaoko mā.

Ko te waiata tino rongonui pea o tēnei momo ko tēnei e whai ake:

The strings of your temotemo like a banjo
Ki te kume koe ka rongo koe twang, twang, twang
Nō reira hoki au ka hoki mai anō
Ki te waewae pupuri ai
Ka heke taku ringa ka waltz mai koe
Parasonesone ō mahara e

Anei ētahi atu anō o tēnei momo waiata o te whakauru kupu Pākehā mai:

Kātahi nei au ka ngōki e
Ki te taha o taku pouaru e
Nō taku whāwhātanga atu e
Auē! Somebody's been there before me!

Chattanooga choo choo makere mai tō piupiu
Auē, e hine, aroha mai

Ka piki mai a Pāpā ki runga i a Māmā
Ka tangi mai te heihei Joe
Kotahi tana wero, koemi mai tana whero
Aue, e hine aroha mai

Hi tinga-lingalinga, hi tinga lo it's a longa time no see
It's a longa time no see, e, Pāpā
It's a longa time no see, e, Māmā
Unuhia tō tarau, kia kite atu au
It's a longa time no see

Kia whai noa atu anō au i ētahi atu o ngā titonga a te hunga mate.

Tākiri te māti e, i waenganui pō
Kei te kite atu au, e hine
I tō taimana sikisiki ana
E kata mai ana

Huakina mai rā ō taha e rua
Ki te kore rā, e hine
Ka puruheka i te kore
E kata mai anō

Wahine kino koe, kaiponu i tō paipera
Kore koe i homai kia wherawherahia e

Wahine pai tō āhua
Kia tika te korikori
Kei taka tō panekoti
Ka kitea tō taniwha e

Tāpapa mai, e hine
Hie, hie, hie
Kei raro i tana pito
Hie, hie, hie

Kotahi atu, kotahi mai he paoro pakōpakō
Kua hē te heipi o Hinitarera i te son of a gun
Kotahi atu, kotahi mai he paoro pakōpakō
Kia mutu ai te raruraru e

Taiapatia mai kia whitu ngā waea
Kei puta ngā pūru ki te mahi mokopuna e

Nāu rā, e hine, i wawata mokopuna
Ka rongo ngā pūru ka mahi mokopuna e

Nō reira, e koro, katia te taiapa
Kua piko te tuarā i te mahi mokopuna e

Kei te mōhio tātou katoa ki tērā kuia o tātou, ki a Mīria Simpson, tētahi kuia kanohi hōmiromiro ka tae mai ana ki te reo. Nāna tēnei waiata i homai ki a au:

Kore koe i mōhio ko Kura tōku ingoa
Hei kura i ngā tāne kia oni roa e
E toru i te pō kore au e ngata
Engari kia ono ka pai au e

Kāti, kua takahia nei e au tēnei ara o ā tātou waiata ngahau, engari kei konei anō ētahi kāore i pērā i ō runga ake nei te whai i tā te tāne rāua ko te wahine mahi. Anei ētahi:

Mate koe i te aroha, e hine, me tono e koe
I ō mātua rā, e hine, kei rīria koe
Ki te kore e paingia me moe huna e

Me āta tukutuku, e hine, i ō taera
Kei mau tāua i te kati a te ture
Me wehe tāua kia mātaratara
Kia mutu ai te aroha e

Tākirikiri te māti e, whārikiriki te moenga e
E Neti, e Neti, e Neneti e
He ngau puku taku mate Hei! Hā! Hei! Hā! Hei!
Kua ora taku mate Hei! Hā! Hei! Hā! Hei!

Wahine kino koe
He riri take kore
Nā konā ō mahara
I rorirori ai e

Putiputi kanehana e
Māku koe e kato e
Mehemea ko koe taku tau pūmau
Piri rawa ki tēnei uma e

Arā atu, arā atu ngā whiti o te waiata nei i titoa nei e Tuini Ngāwai. Koirā pea te aroha nui atu ōku ki te kaupapa nei, ko te korenga o tātou i mōhio nō wai te hinengaro, nō wai te matatau ki te reo, nō wai te atamai i titoa ai ēnei waiata hei tirohanga, hei whakamihatanga, hei whakatakētanga rānei mā tātou. Ahakoa pēhea te whakaaro o te tangata ki ngā titonga nei, me tino whakaae ia ki te tohungatanga o roto.

Kotahi tonu anō pea te waiata tino rongonui o roto i tēnei momo, arā, ko tā Kīngi Tahiwi o roto mai o Ngāti Raukawa ki te tonga:

He pūru taitama e
He pūru taitama hoki
He pūru taitama
He pūru nō Ōtaki
He pūru tuki uwha e

Ka haere tāua e

Ki runga o Ōtaki hoki

Ki reira tāua

Whakariterite ai

Whakaotioti ai e

Nā, kia hoki noa ake au ki roto i a au anō tiki waiata mai ai:

Tūpato, e hine, kei rahua koe e Ngāi Tūhoe
Anei rā hoki rā ko tōna kōrero, 'Tūhoe moumou,
Moumou te tangata, moumou te taonga, moumou i te kai e'

E rua aku pona hei nohonga rā mō tō tou, e hine,
Ki te kore rā koe e pīrangi mai
Whiua atu mā te kurī

Nō hea te wahine? Nō Te Urewera! Kei wera koe, e hine,
Hikohiko te uira, papā te whatitiri
Ki tāna i pai ai e

Hei tino whakatepe i ēnei kōrero anei tētahi waiata i ngākaunuitia e te tuakana kua riro nei:

E tū, e Ure i te take o Raho
Mā Tara huruhuru koe e turaki ki raro
Kia puta mai ai he pēpi makimaki
Rite tonu ki a koe e

E kore e taea e tātou ētahi o ngā kupu a Tāmaku te karo, te aro kore atu rānei, i te mea e tino tika ana hoki, arā:

Me aha koa i te karere putuputu
A te ure, tona?

Me waiho ki konei tau ake ai tāku i whakaaro ai ki te kaupapa nei kia riro mā ōna anō reanga e kawe ake kia ora mai anō ai tēnei o ā tātou taonga. Me waiho noa ki tērā kōrero āku i a au i Te Taura Whiri i te Reo Māori e kī rā:

'Mānuka takoto, kawea ake.'

Ka huri.

Ngā Titonga i Kawea i ngā Whakataetae Haka Matua o te Motu

He tino momoho te tangata tito kupu mena he kapa tāna mā reira tāna i tito ai e whakaringaringa, e whakawaewae, e whakatinana, e whakareo kia rangona mai ai e te ao whānui. Koirā tōku nā tino māritanga i te rironga mā taku kapa o Te Whare Wānanga o Waikato ērā mahi katoa e mahi, me te aha, hau ana ngā rongo o te kapa i aua rā rā, puta ana hoki aku kupu ki te ao whānui. Tāpiri mai rā ki tēnei ko aku kaitātaki i te kapa, ko Te Rita Papesch rāua ko Hōhepa Harawira, ka haere te wā, ka mutu te haka a Te Rita, ka tū ko Ngaringi Katipa ki te tūranga kaitātaki wahine ā moe noa te kapa.

E toru pea ia nei ngā ingoa o ngā whakataetae matua o te motu o roto i ngā tau, arā, ko te Polynesian Festival, ko te Aotearoa Traditional Māori Performing Arts, ka tau nei ki tōna ingoa o te wā nei, ki a Te Matatini. Nā, 1972 te tau o te tuatahi i tū ki te papa o Rotowhio i Rotorua, ka tū anō i te tau o muri mai. Ka hui, ka whakatauhia e ngā kaiwhakahaere o te wā me ia rua tau kē te tūnga, kua kite hoki ngā kapa i te uaua o te whakarite i a rātou, i ia tau, i ia tau, ā, e mau tonu nei ki tērā whakaaro o te tū i ia rua tau.

I te tīmatatanga, kotahi te tūnga o te kapa, kāore i whiriwhiria tōna tokohia nei kia tū atu anō, ā, hei taua tūnga tuarua rawa rā, whakatauhia ai ko wai te toa o te motu. I te tīmatanga, pai tū, pai hinga te karawhiu, ka tangimeme ko ētahi o ngā kapa i tērā momo whakatau, ka whakatauhia anō kia toru ngā wāhanga; ko te tuatahi me te tuarua o ia wāhanga ka tū anō, ā, mai i taua tokoono rā, ka whiriwhirihia ko wai te toa o te motu. Nō muri mai, ka whakanuitia atu ki te tokoiwa, ā, ko te rongo kōrero o te wā nei, hei Te Matatini e tū mai nei, kua whakapikitia te tokoiwa ki te ngahuru mā rua, ā, ko te toa o te motu ka ahu mai i reira. I pai kē ake ki a au te kotahinga o te tū, hei reira hoki kitea ai te wana rānei, te maroke rānei, te tino hē kē rānei o te kapa tū mai.

I Te Ūpoko o te Ika ngā whakataetae o te tau 1979, ka waimarie te kapa o Te Whare Wānanga o Waikato ki te whai wāhi atu, ā, ko tōna tekau mā waru ngā wāhine, tokoiwa ngā tāne, ko ngā ture e whakaae ana kia whā tekau ngā kaihaka o ia kapa. Tētahi whakateka, ae! Heoi anō, haere atu ana mātou, ka toa ko Te Rita Papesch ki te karangatanga wahine tātaki o te motu, ko tā mātou waiata ko 'Tērā ia te Tautara ki Maunga Taupiri' i toa i te wāhanga waiata koroua, ā, ko tā mātou waiata ā-ringa, ko 'E Koro mā i te Pō', i tuatoru i tōna wāhanga. Nā, autaia ana tērā huatakitanga, ā, mai i taua tau ka waimarie atu te kapa ki ēnei whakataetae nei ā tae noa mai ki te tau 2005, ki te tau i whakamoea ai te kapa. Kotahi te tau kāore te kapa i waimarie ki te whai wāhi atu, arā, ko te tau 1983 i te tūnga ki roto o Ngāti Kahungunu.

E whai ake nei ko ētahi o ngā titonga i rangona i aua whakataetae rā i roto i ngā tau. Ka haere te wā, ka tono mai ko ētahi kapa kia riro māku ō rātou whakaaro e whakakupu, ā, uaua ana tērā i ōna wā, engari mā te aha, i nonoke a Tīmoti ka tutuki ētahi o ngā tono nei, engari kia tīmata noa ake ki a au anō, ki te kapa o Te Whare Wānanga o Waikato.

I ngā whakataetae i tū ki Whangārei i te tau 1988, koia nei te ngeri i kawea hei whakawātea:

Kaitātaki: *He aha rā kei te tau o taku ate e haehae ake nei?*
Katoa: *Ko te mamae ki te ngaro o tōku reo*

Warea kē ana ngā whakahaere Māori o te motu
Me te iwi whānui anō hoki ki te reo o tauiwi
Me pēhea kē hoki e ora ai ki te pērā?
E kore e ora i ngā kōhanga reo, i Te Ataarangi
Ngā kura reorua, ngā whare wānanga
Eaoia mā te kōrero tonu! Mā te kōrero tonu!
E tātou, e te ao Māori, e tau nei
Kāti rā te toupiore, te māikoiko
Kei riro kē mā te Pākehā tō tātou reo e pupuri
Takatū ake! Takatū ake! Takatū ake!
Kia whaikiko ai te kōrero
'Tōku reo, tōku ohooho
Tōku reo, tōku māpihi maurea
Tōku reo, tōku whakakai marihi!'
Auē! Auē! Auē te mamae ki taku taonga e!
Hei!

Ko tēnei te waiata ā-ringa i te tūnga o ngā whakataetae i Ōtautahi i te tau 1986. Anei ētahi o aku kupu whakamahuki i tuhia e au i taua wā rā:

> Nā te anipā ki ngā kapa haka e warea ana ki ngā korekore o te haka i titoa ai. Ko te tino taonga o te haka, otirā o ngā mahi Māori katoa, ko te kupu, ā, ko tēnei kua tahia ki rahaki, whakapau kētia ana te kaha ki te āhua noa iho, kaua ki te ngako, ki te matū.

Ā moroki nei e pērā tonu ana ki tōku whakaaro!

E nanawe ake ana i ahau te aroha, te mamae, te pōuri
Ki te ngako, ki te matū o te ao Māori e ngaro nei, e ngaro nei
Ki ōna rerenga, ki ōna tauranga
ki ōna whakataratara, ki ōna whakairoiro
I tutū ai te puehu, i heke ai te toto
I puta ai te ihi, i pā ai te wehi, i tau ai te mana
Kāti rā, e te iwi, te whakapae noa nō konei te hē, nō korā te hē
Te warea kē ki te reka o te rangi, te whiu o te ringa
te huri o te māhunga
Ngā whakawai i te tangata hei huna i te kore mōhio
Te waiho tonu ko te mea kore noa iho hei mea nui
Ko te mea nui kia kore noa iho
I te wā i a rātou mā ko te kupu te tīmatanga
Ko te kupu te whakamutunga, ko te kori i hanga noa
I te wā i a tātou nei ko te kori te tīmatanga
Ko te kori te whakamutunga, ko te kupu kua hanga noa
Kua rite ki te ika hāmama kau! Hāmama kau!
Arā ngā iringa kōrero, ngā takahanga rangatira
Hei whakahau, hei whakapakari
Ki te kore te ngako, te matū
Me pēhea te kōrero e iri, te rangatira e takahi?
Takatū ake rā tātou, whakahokia ki ōna taumata
Kei pātai ngā mokopuna, 'I ahatia e koe taku taonga e?'

Ko te haka e tino kaingākautia ana e te kapa ko tēnei e whai ake nei, arā, ko 'Te Muru Whenua' i hakahia ki Tūrangawaewae i te tūnga o ngā whakataetae o te motu ki reira i te tau 1992.

Kaitātaki: *Nei rā te riu ki Waikato, whenua taepa, whenua onemata*
E haehae tonu ana i te puku o Te Ika a Māui Tikitiki a Taranga
E takoto nei

Katoa: *I ā hā hā!*
Ko Te Heuheu i Tongariro te hōkikitanga
Kei reira te toka, te pūnga mai o te awa o Waikato
E whakawiri nei i te whenua ā pakaru noa
Ki ngā takutai tāhoruhoru i te rehurehutanga o te rā

Kaitātaki: *E tika ana kia pepehatia ngā wai māpunapuna, ngā wai māreparepa*
O te korou ki Waikato

Katoa: *Nā konei hoki a Waikato iwi i tipu ai, i nui ai, i kotahi ai*
I rangona ai e te motu

Kaitātaki: *1863 te tau, Hōngongoi te marama*

Katoa: *Whakawhiti mai te ope taua a te Kāwana o te Pākehā i Mangatāwhiri*
Pokopoko mai ana ki taku rohe, ki Waikato e

Kaitātaki: *Ki te aha?*

Katoa: *Ki te raupatu, ki te muru i aku whenua e*

Kaitātaki: *Ngangahu ana rā te kaupapa i pēnei ai*
Nā te pōkahu ka tahi

Katoa: *Ko tāku he whakatumatuma, he whakapātari*
I te iwi o Tāmaki-makau-rau

Kaitātaki: *Nā te hao ka rua*

Katoa: *I ngā whenua haumako o te riu ki Waikato*

Kaitātaki: *Nā te kōpeka ka toru*

Katoa: *Whakamanatia ana ngā ture*

E māmā ai te riro o te whenua i te hunga kiritea e

Kaitātaki: *Tutū ana te puehu i iwi kē ko wai te papa?*

Katoa: *Ko Waikato! Ko Waikato!*

Rere ana te matā, rere ana te toto

I Rangiriri, i Ngāruawāhia, i Rangiaohia

Te mutunga mai o te whakamōkihi, o te whakamōkeke

I kī ai a Te Kumete, 'Kātahi nā te kōhuru kino ko tēnei'

Kaitātaki: *Ōrākau te pae o te riri i pepehatia ai te kōrero*

Katoa: *'Ki te mate ngā tāne me mate hoki ngā wāhine me ngā tamariki*

Ka whawhai tonu mātou ake! Ake! Ake!'

Kaitātaki: *Tau rawa te puehu*

Katoa: *Kua riro kē ko te miriona eka, neke atu rānei*

Kaitātaki: *Ko te kōpana kē o ngā tīpuna*

Heke iho, heke iho ki ngā mangainga

Katoa: *He whakauenuku i ngā whenua, i te mana motuhake*

Nā konei au ka kī

Kaitātaki: *Kei waenga tonu i a Waikato me te ao Pākehā*

Katoa: *Ko te raupatu, ko te pakanga, ko te whakaheke toto*

He awa nui e tārera tonu ana me uaua ka karapīpiti

Kaitātaki: *Te Kāwanatanga pokotiwha, taringa whakarongo!*

Katoa: *Kore e au taku moe, kore e tau taku noho, kore e mutu taku tohe*

I haere whenua atu, me hoki whenua mai!
Au – au – auē – hā!

Nō te tau 1981 ka tū ngā whakataetae ki roto o Tāmaki, ā, ka whai wāhi atu Te Whare Wānanga o Waikato ki aua whakataetae rā. Koinei anō hoki te tau i tū ai ko Taniwharau te kapa whakaihuwaka o te motu.

E whai ake nei ko ngā kupu o te waiata ā-ringa, ā, anei aku kōrero whakamahuki mō te waiata nei i tuhia i taua wā rā:

> I te tau 1980, i ngā whakataetae o te rohe o Waikato-Maniapoto hei whiriwhiri i ngā kapa kia haere hei māngai mō te rohe ki ngā whakataetae nui o te motu i tū ki Ākarana i te tau 1981, ka tū ake a Kīngi Matutaera Īhaka ka kī, kāore te wahine e whakaaetia kia haka taparahi i te taha o ngā tāne. I ngā whakataetae nui o te motu i tū ki Te Whanganui-a-Tara i te tau 1979 ko Te Whare Wānanga anake te kapa i haka ai ngā wāhine i te taha o ngā tāne, nā tērā au ka mōhio nā mātou i whakatakotohia ai taua ture. Hei whakaputa i taku whanowhanoā, ka titoa te waiata nei, ā, i waiho e mātou hei waiata ā-ringa mā mātou ki aua whakataetae i tū rā ki Tāmaki-makau-rau i te tau 1981.

Pupū ake ana i taku whatumanawa te whakatakariri me te pōuri nui
Ki te hunga whakahaere e whakatakoto ture tikanga kore nei
Mō ngā mahi nei, ngā mahi tauwhāinga e tautokohia nei e ngā kapa puta noa
Ināhoki i kīia mai ahau kaua te wahine e haka i te taha o te tāne

Ki te pērā he kore, he kore take nō te tāne

Ka kimikimi ko te hinengaro, ka pātai te ngākau he aha kē te tino kaupapa o ngā mahi nei?

Ae rānei he whakahau i te rangatahi ki te pupuri i ngā taonga hirahira

I heke mai i ngā huihuinga, kāwaitanga

Ae rānei he takatakahi i ngā mana, i ngā wehi o ngā iwi nei?

Horouta te waka – he haka te wahine!

Te Arawa te waka – he haka te wahine!

Mātaatua te waka – he haka te wahine!

Te kaupapa kē he tautoko, he āwhina, he whakahau tā te wahine i te tāne

Kia puta ai ko te wana, te ihi, te wehi hei hoa mō te tau o te kupu

Ngā tino taonga o roto i ēnei mahi, ki te kore hoki, he aha te aha?

Nō tua whakarere te tikanga e mau nei i ahau

Nā rātou mā hoki ēnei kupu ōhākī, 'Auaka tumutumu te kura i Awarua'

He waiata tēnei i titoa hei mihi, hei tangi, hei poroporoaki i ngā mate tāruru nui o te ao Māori. Ahakoa nō te tau 1994 i hakaina tuatahitia ki ngā taumāhekeheke matua o te motu i tū nei ki Hāwera i taua tau rā, e hāngai tonu ana ngā kupu.

Me tino puta he mihi ki te kapa o Tū Te Maungaroa nā rātou nei te rangi, ā, nā rātou nei hoki i puta ai te waiata nei ki te whai ao, ki te ao mārama, ā, whaihua ana i tōna toanga i te wāhanga o te waiata ā-ringa i taua whakataetae rā!

I titoa rā hei waiata poroporoaki i ngā kaikōrero whai mana o te ao Māori, arā, a Tā Kīngi, a Mōnita Delamere, a Māori Marsden, a Pumi Taituha, a Hamu Mitchell, a Hōhua Tūtengāehe, a wai ake, a wai ake. Pau puku ana rātou ki te pō. Ko ēnei i mōhio nei ki te rāwekeweke, ki te huri, ki te whiu, ki te whakatakoto i te kupu, kua kore haere i kitea tērā momo i roto i te ao Māori o ēnei rā, nā reira ka haku noa te ngākau ki tērā āhua. I roto anō hoki i te haku, ko te tūmanako me kore noa pea e tūpono ka tū mai anō taua rite i roto i ēnei reanga e kaha nei te whai mai.

E koutou, e te aumangea
Kei hea koutou hei āki i ngā hau kino o te wā?
I te wao tapu nui a Tāne, urutapu ana, ururua ana
Matomato ana te tipu mai o te kahikātoa, o te tōtara haemata
Nō te hinganga, tūpapahū ana te whenua
Ka kore koutou kei hea he taunga mō te manu kaewa?
Kurupākara ana tērā te māra a Tāne
I te pekī, i te tīhau a ngā manu
Kua kore nei i tiu, kua kore nei i topa
Kia pātai noa ahau kei hea aku manu tīoriori
Aku manu taki, aku manu tāiko i te kāhui e pōkaikaha nei?
Auē kia tīoriori noa mai ko te manu
Kia kōkī, kia ketekete mai anō ko te kākā
Kia korihi mai anō ko te kōparapara
I te pūaotanga o te rā
Te tangi kau nei te mapu
Tērā pea me kapo ko te mahara

Me kapo ko te kupu
Mā reira e tū mai anō ai he māhuri
E tiu anō ai, e korihi anō ai ngā manu o te wao

He nui tonu ngā kapa e tono mai ana kia takoto i a au he kupu mā rātou mō te taha ki te haka, ki te waiata ā-ringa, ki te waiata koroua rānei, ā, ko rātou tonu ki te homai i te kaupapa e hiahia ana rātou kia whāia.

I ngā whakataetae o te tau 2019, i tū nei ki Te Whanganui-a-Tara, ka tono te kapa o Te Rerenga Kōtuku i tahi kupu mō tā rātou waiata ā-ringa me tā rātou haka o taua tau rā. He kapa pai ki a au tēnei, ā, ahakoa kāore e eke ana ki ngā tino taumata, e ururoa ana te karawhiu.

Ko te waiata ā-ringa he mihi ki te kapa o Ngāti Pōneke, ki te kapa o te motu i ōna wā:

E koro, Tā Apirana, nāu te ingoa i tapa
E kui, Pirihira, e koro, Kīngi, ko te tūāpapa nā kōrua i whakatakoto
Kia tū mai tētahi kapa i tōrino nei tōna kakara
I hau nei ōna rongo ki ngā tōpito o te whenua nei
Noho ana hei kukūnga mō ngā waka
Hei pōīnga mai mō ngā uri o ngā iwi i ū mai ki Te Pane o Te Motu
I runga anō i te āinga o oranga tinana, o whāinga mātauranga
Ora mai ana ko 'kāinga rua'
Tā te kōrero, 'Kia atawhai i te tangata, kia marae'
Tau mai ana he tūwaewae mai i uta, mai i tai

Ko koe tēnā e whakatinana ana i aua kupu rā
Ka wehe atu a Te Hokowhitu a Tū ki te whai i te toto kia ea
I te hokinga mai o ngā makorea i te mura o te ahi
Ko koe te kapa whakatau
Ko te ao Māori kaumingomingo o aua rā
Te ao Māori kore reo, kūare ki tō rātou taha Māori
I Māori mai anō, i tahuri mai anō ki tō rātou taha rangatira
Nā te tū mai ki roto i a koe
Kei aku rangatira, Ngāti Pōneke, tū ake rā, tū ake rā
Kia mihia koe e ō ēnei rā nei kapa
Kāore nei i mōhio ki tō taiea, ki tō tau, ki tō pīwari, ki tō tawhiti
Nei rā a Kōtuku ka mihi

E whai ake nei ngā kupu o te haka nā ngā tāne tonu te kaupapa i kōwhiri. He kōrero mō ngā hua kua puta ki a rātou mai i te uru ki ngā mahi haka:

Kaitātaki: *Tāne mā, he aha ia nei te koha mai a Tāne-rore ki te ao Māori?*
Katoa: *E, ko te haka! E, ko te haka! E hakaina tonutia nei e tātou*
Kei wareware tātou ko te haka he tohu whenua rangatira
Kaitātaki: *Taiāwhio, pākorokoro i te ao, rangona ana, kitea ana te haka*

Katoa: *Ae kawea ana e mōhio, kawea ana e kūare*
Rangatira mai ana i a mōhio, tānoanoatia mai ana e kūare

Kaitātaki: *Kei pōkaku tātou ko te ao haka he whenua taurikura*
He whenua raru kore

Katoa: *Engari mō tēnā!*
Kei konei te tarahae, kei konei te mīharo
Kei konei te komekome, kei konei te ohia
Te tiro atu, te tiro mai, te whakatāupe anō hoki!

Kaitātaki: *Engari anō rā pea tēnei āhua, e te ao haka*

Katoa: *I te uru poka noa ki ngā rōpū mahi kino*
Whakawetiweti, whakatuatea i te tangata
Noho ana ko te whānau, ko te iwi, ko te ao Māori te papa
Arā te kōrero, 'Hē o te kotahi, hē o te katoa'

Kaitātaki: *Tēnā, tātou, tāne mā, whakaarotia ake tēnei*

Katoa: *Rongo kino hau ana, rongo pai rangona koretia ana*
Ko rongo kino rukea ki rahaki! Takahia ki raro!
Ko rongo pai whakatairangatia! Whakatauiratia!

Kaitātaki: *Ae, rongorua ana tātou, e te ao Māori e*

Katoa: *Nā te haka ka tahi, nā ā tātou mahi kikino ka rua*
Rongo pai ana ko te ua kei runga
Rongo kino ana ko te mātenga ka piko

Kaitātaki: *I kī ake rā au ko te haka he tohu whenua rangatira*

Katoa: *Ko te mana, ko te rongonui o te iwi*
Ahu mai ana i tōna tau, i tōna pai ki te haka
Waihoki ngā kapa matua o te taumāhekeheke nei
Kōrerotia ana e te marea, he kaiwhakawā katoa hoki!

Kaitātaki: *Kōrerotia ana anō hoki ko ngā atua hou o te ao haka*

Katoa: *Ko pūioio, ko pāuaua, ko tinana hauora*

Ko purotu tāne kei mua

Ko wana, ko ihi kei muri, ko kai a te mata te mātāmua

Kia whakamoea ngā āhuatanga katoa nei

Kātahi nā te kapa haka

Kaitātaki: *Kei hea te wāhi ki te reo?*

Kei hea tōna mana i roto i ā tātou mahi?

Katoa: *Ahakoa kāore i ahau te maringi noa mai o te kupu*

Tōna rētōtanga rānei

Ko te haka e āki nei, e tena nei i ahau

Kia hoki ki ōku pūtaketanga mai

Ko te haka te whatitoka ki tōku nā whare reo, whare tikanga

Kaitātaki: *E tātou, e te ao haka, me tōna maha ka puta*

Nei noa ake rā tā Te Rerenga Kōtuku

Katoa: *E tū tangata nei au, nā te haka*

E hōkaka nei au ki tōku reo, nā te haka

E hia mōhio nei au ki aku tikanga, nā te haka

E mōhio nei au ki te whakaaro ki te tangata, nā te haka

Kaitātaki: *Ko te kupu whakatenatena, whakatītina*

Whakamāherehere anō hoki

Katoa: *Puritia te haka kia ū, kia ita*

Ko te haka hoki he kupu kōrero

He mea whakairo e te ngākau

He mea whakapuaki e te māngai

He mea whakatū e te tinana
Ae e tino tohu ana he rangatira te whenua

Ko te haka tēnei a Te Whare Wānanga o Waikato i ngā whakataetae i tū ki Rotorua i te tau 1996:

Kaitātaki: *E tātou, e te ure tārewa, e te ure tū*
Whakaipurangi o te wai ora a Tāne, whakataringa e!

Katoa: *E kīia mai nei tātou e Te Tawhe he wā tōna i toa tātou*
Toa ki te aha? Ki te patu wahine, ki te patu tangata
Ki te rahu wahine, ki te irawaru, taitōkai tamariki
E kī! E kī! He toa tātou!

Kaitātaki: *Ahakoa te kore e rata atu ki ngā kupu e whiua nei*
Me pēhea e taea ai tēnei whakahorohoro te kaupare atu?

Katoa: *Kore! Kore! Kore rawa e taea, ka titi tonu ki te hinengaro*
Ki te whatumanawa oioi ai
Pēnei me te māripi e titi nei ki te rākau, uaua ana tērā te kounu

Kaitātaki: *Ae, ka noho ki roto, ki reira ngau kino ai, tē tīkarohia ake ai*

Katoa: *Ei, kaiaka mā, nanao ki te whatumanawa*
Āta huhuti ake ai i tēnei māruru e whakawairangi nei
E whakapōrangi nei i a tātou kia noho kē ko ā tātou wāhine, ō tātou tuāhine, ā tātou tamariki te papa

Kaitātaki: *Nei rā te pakirehua ki a tātou, e te ao Māori*
He aha rā tātou i pēnei ai?

Katoa: *Kei kī koutou nō Tāne te mate, nāna ko Hine-ahu-one*
Nā rāua ka puta ko Hine-tītama
Tahuri tonu atu a Tāne ki a Hine-tītama
Koinei te ngau whiore, te irawaru tuatahi o te ao Māori

Kaitātaki: *Nā Tāne ka whiwhi tātou i te mātauranga*

Katoa: *Tōna tikanga!*
Nāna i tiki i a Io-matua i Te Toi o ngā Rangi
Ngā kete e toru o te wānanga kia mātau ai tātou
Ki te ara tika, ki te ara hē, engari te āhua nei
Tē aro i a tātou, i te ao tāne, tē aro i a tātou e!

Kaitātaki: *Kāti, e mārama ana tātou he aha te tika, he aha te hē*
Engari ka tūkino tonu tātou

Katoa: *Ehara kē hoki i te mea kāore he aroha i roto*
Heoi anō, nāwai, nāwai, ka puku ko te rae i te tino kore noa iho nei
Nā te uaua o te puta o te kupu, kāore e kōrero atu ki te hoa
Ka tahuri kē ki te pāike, ki te whakaruke, ki te kurukuru e

Kaitātaki: *Ki te ū tonu tātou ki tēnei mahi anuanu he aha kē rā te otinga atu?*

Katoa: *Ko te whakamā, ko te whakamau, ko te mauāhara*
Ka noho ki roto i ā tātou wāhine
Ka mutu, me tino mārama mai tātou, tāne mā
Ko tā ā tātou tama i kite ai koirā tā rātou e mahi ai
Hei te wā ki a rātou kua patu wahine
Kua mate kāinga tahi, kua mate kāinga rua

Kaitātaki: *Ka kimi noa te ngākau i te ara tika hei takahi e!*

Katoa: *Nei noa pea! Tuatahi, kauanuanutia ā tātou wāhine,*
ō tātou tuāhine, ō tātou whaea, ā tātou tamariki
Tuarua, kei wareware tātou he tapu te whare tamariki
Tuatoru, kāti te whakapae nō te waipiro, nō te taru kino te hē
I tūkino ai tātou, ngā tāne, nā te monoa tonu
Nā tō tātou pongipongi, roro kore e

Kaitātaki: *E tātou, e te ure tārewa, e te ure tū*
Whakaipurangi o te wai ora a Tāne, whakataringa e!

Katoa: *Kāti me aha kē rā? Nei tātou e tū nei i ngā ara*
Tirohia atu, uia ngā ara tawhito kei hea te ara pai, ka haere i reira
Mā konei rawa ka kite tātou i te tānga manawa
Mō ō tātou wairua, mō ō tātou hinengaro
E porotū ai tēnei mahi taurekareka, mahi mōrikarika a te tāne ki te wahine, e!

E tino mārama atu ana au ki te uaua o te noho hei kaiwhakawā ki ngā whakataetae nā te mea e whakapono ana ngā kaihaka e mōhio ana te kaiwhakawā ki tāna e whakawā mai rā, ka homai ai i ētahi kupu āwhina, i ētahi tohutohu rānei, e pai atu ai te tū a te kapa.

Mena ka kīia te tū he wana kore, homai te take i pērā ai te kōrero, ka mutu me aha e wana ai. Ki a au nei, kāore te wana e kitea, engari ka rangona e te ngākau, ka uru mai te hiahia ki te tū atu i te taha o te kapa e haka mai rā.

Ki te āta whakaarotia te roa o te wā e pau ana i te kapa ki te ako, ki te whakapai i tana tū, i te rere o ana poi me mihi ngā kapa. Waihoki ko te kaiwhakawā kia noho mārama ki tērā, engari ki te kīia mai he maroke ka hoatu e te kaiwhakawā ko te 95 o roto mai o te 100, ka kī rānei he rawe ka homai ko te 90 me pātai te hinengaro ka tika. Nā, ko tēnei momo kaiwhakawā e kōrerotia ana i roto i tēnei ngeri whakawātea a te kapa o Te Whare Wānanga o Waikato i te tūnga ki ngā whakataetae matua o te motu i Te Whanganui-a-Tara i te tau 1998:

Kaitātaki: *Rua ringa ki runga tēnā i ruia!*
Rua ringa e torona kei waho mau tonu!

Katoa: *Taku whakatakariri, taku whanowhanoā ki a koutou*
E te hunga whakawā puta i te motu e
E kare mā, tēnā koa
Āta whakahāngaitia tāu i whakawhiwhi ai ki tāu i tuhi ai
Tēnā ko tēnei kōrero kē, whiwhinga kē, tē aro i a mātou e tū nei
Rere noa ana te urupounamu i te hinengaro
Te aro rānei i a koutou tāku e mahi nei, tāku e kī nei?
Kia mārama mai koutou, pau atu te marama ka reoreoā noa, ka akitu noa
Tōtara wāhi rua, hīeweewe ana te kapa
Ka maunawenawe, ka taupetupetu
Me aha kē rā ahau e tū nei kia mārama mai ai koutou
Ki te tōtā i heke, ki te wā i pau, kia eke ai ki te taumata?
Nei noa tāku ki a koutou, e te hunga whakawā
Ki te kore e taea e koutou i runga i te tika, i te pono

Whakawātea mai! Whakawātea mai!
Aua atu tērā, kua tū te ringa, kua takahi te waewae
Kua putē te karu, kua whiua te kupu
Ko te kaupapa o te rā kua rite i ahau, i Te Whare Wānanga o Waikato
Kia kī noa ake ahau i konei
Hei ngā rangatira o Te Pane o Te Motu
Ngā mihi nui, ngā mihi mutunga kore ki a koutou e
Hei konei rā! Noho ake! Hei!

Ko tēnei ngeri e whai ake nei i oti nā runga i te tono a te kapa o Te Waka Huia, ko rātou nei te kapa o te motu i ōna wā. Nā te kaitātaki wahine te tono, ā, ko te kaupapa ko te whakamomori. Takahi ana au i tōku ara kia ea ai te tono i a au, engari nō te taunga atu ki te kapu o te ringa tono, rāwekeweketia mai ana, panonitia ana te takoto o te kupu, me te aha wherokutia ana te pātaritari o roto i āku nā kupu ake. Ko tāna kē i hiahia ai ko te mātai i te āhua o te whakamomori mai i tā te tamaiti kua riro nei ōna mātua i tēnei mate kino, engari kāore i pērā te kōrero mai i te wā i tono mai ai, koinā i taupatupatu ai ō māua whakaaro. Heoi anō, e taea te aha, atu i te tangi o te mapu! Anei āku ake kupu i tito ai:

Pokokōhua ana koe e te mate
Nā te kuenetanga o ngā haumi a ngāhinapōuri, a tūāhae, a ngākau marū
A ringa hoea, a kupu hanihani, a kupu whakaweti, a pōtinitini
Kāhaki ana koe i ōku uri kia urupou atu ki ngā wai o Mori ā-nuku

Kia motu ko te tātai hono, ko te kapiti hono e kore nei e taea te tūhono anō
Ko te whare o te riri kāore anō kia tāia tōna kawa, turakina ana
Ko te puāwai tē manahua kia tōrino tōna monomono kakara, makunetia ana
Rere ana te whakapae, rere ana te uapare, rere ana te takunga
Ko te tūwatawata kāore i uka te tū, autatia mai ana, hinga wawe ana
Kia waingōhia ai te uru noa mai o te hoa riri ki te kiritangata, ki te awhikiri
Ka eke ki tērā he aha te huringa ake? Ko te whawhai tonu rānei
Ko te tuku kē rānei ki te mate?
Nā Tā Apirana te kī, 'Nā te ao āna hanga kia raru noa ko au'
E raru nei ko mātātahi, ko te pūhou i te ao o te hangarau
Ae he taha uruora tōna, ae he taha kino tōna e piere nuku ana te kaupare atu
Kaha warea ana ki ngā āhuatanga o tērā ao
I te mea inamata ana te taea o tāu i pai ai
Kei hea kē te ao o manawanui, o paku tatari, o taihoa ake nei o noho, o āta whakaaro, o āta whakatau ka tahuri ai?
Tēnā ko tēnei, toko ake ana te whakaaro whakatutukitia ana
Noho ana ko muri nei te papa, hei mōrehu mō te mate o rātou mā i kite noa i te ara kotahi, ko te wehe atu i te ao nei

Auē te aroha e, auē te mamae e. Auē taukuri e!
Ko te mīkao whakawā he māmā te haki i te mate nei
Me te kī ko te ao tēnei o tītere, o ruke kau i tāu kāore i pai
He ao whakaaro kore ki tētahi atu, atu i a koe anō
Whāia ko tāu i pai ai, hei aha te aro ki ngā pānga ki tētahi atu
Koirā tā te ao o te mōhū, o te matapiko whakapono
Nō wai te hē i pēnei ai? Nō tātou, nō te ao Māori!
Ko ā tātou tikanga kua rukea ki rahaki, ko te Pākehā kua toa
Tērā pea me whakatū he toitoi, ko ōna maioro ponitaka kia whenu, kia wheuka
Ki reira mānga anō ai, whāngai anō ai ki ngā kai mārō a te Māori
Ki te aroha atu, ki te aroha mai; ki te whakaaro atu, ki te whakaaro mai
Wai ka hua, wai ka tohu ka pēhea? Engari anō tēnei i te kore!
Whakaterea te waka o te aroha kia ū ki tōna whenua taurikura
Mā konei pea e hoki ai aku roimata, e ea ai aku tini mate

Hei tino whakatepe ake i te āhua ki aku titonga kua waimarie ki te whai wāhi atu ki ngā whakataetae haka o te motu, anei te waiata i kawea e te kapa o Te Whare Wānanga o Waikato i te tau 1996 i ngā whakataetae i tū ki Rotorua:

Hokahokai nei au ki te pakikau o tōku whare
Ka titiro au ki te whenua, ki te tara ki Taupiri
Ka kai rikiriki te aroha i ahau ki a koutou
Kei aku mate tautini, aku mate taurua ki te whare
Koutou te wharau o te tini, te wharau o te mano
Ka ngaro nei ki te pō tiwhatiwha, ki te pō kerekere, ki te anu mātao e
Me whiu, me pere te uru o taku patu
Tau rawa atu ko te nohonga o tīpatere e rauika nei i te papa o tātāwhāinga
Ki reira whakatau ake ai i tā Hine-te-iwaiwa, i tā Hine-mārekareka, i tā Tāne-rore
Ko te tino whakatau kia puta ko pūkana, ko putē, ko pōtētē, ko whakapī
Ko whakatautau, ko wehi, ko ihi, ko wana
Ngā whakarāwai, ngā whakarākai o ia mahi e

Hei a koe, e taku wahine purotu, me korokoro tūī tonu koe
Nōu hoki te reo tuatahi, nōu hoki te reo whakamutunga
E rangona i te papa, e kake ai hoki koe i te tāhū o te whare o Hine-nui-te-pō
Tukua, e hine, kia mōruki, kia tau te tinana, 'ko ngā ringa me te mea ka marere'
Kia whati ko te hope, ko te ringa, kia pai ai hoki te kitea o te rere o te poi
Rere runga, rere raro, patu atu, patu mai

Ko kaikamo hei whakakōnuka, hei whakatūaho, hei whakakite
I te rerehua ōu, o te wahine
Koinei rā ōu whāinga, e hine e

Hei a koe, e taku tāne purotu, kia kotahi te takahi kia haruru te whenua
Kia kotahi te papaki kia waiārangi ai ko te uma
Kia mārō, kia toro tonu ki waho ko te ringa, kia pāuaua, kia pūioio te tinana
Kia tāpapa ki waho te arero
Te ara rā tēnā, e tama, e puta ai te mahara me te kupu
E eke ai koe ki ngā taumata kōrero o ō tīpuna
I whakaute ai i te hira, i te kau, i rere ai te pātari
I tū ai te puehu ki runga o Tūmatauenga
I tau ai te rongomau, te mauri ki roto o Rongo-marae-roa
Koinei rā ōu whāinga, e tama e

Kāti rā me hoki mai ki te tino tūāpapa o te mahi
Ko te reo kei wareware rawa i a koutou, i ngā uri whakaheke
Ki te kore tērā e tika, e titi, e eke, kua rere te ui makihoi
He aha kē tā koutou e mahi nei? He aha te hua? He aha te hua?
Tērā te haeata e hāpai ana mai, waitohu noa mai ana he rā hou tēnei ka ura
Nei rā te hoe tonu i te waka i te au miha o kūare

Me kore noa e marumaruaitu te pae whenua o te māramatanga
E mātau ai koutou, e koro mā, e kui mā i te pō
Ka ora mo ake tonu atu ā koutou onge kāmehameha
I waiho mai ai ki te ao tūroa nei
E au ai tā koutou moe, tē takahuirangi i te pō, e aku raukura e

Hei konei ake tēnei kaupapa.

Te Ao Pākehā i Roto i te Titonga Māori

Mai rā anō, i te wā i tahuri ai te Māori ki te whakaputa i ōna whakaaro ki te haka me ōna momo katoa, ki te waiata me ōna momo katoa, e noho ana aua titonga rā hei whakaari, hei whakaata, hei kōrero i ngā āhuatanga o te wā i titoa ai me te take i puta ai te titonga. Ko ngā take i huhua, arā, he riri, he tangi, he hae, he whakautu kōrero kino, he whiu i te kupu kino, ko ētahi he whakaako i ngā uri whakaheke ki ngā kōrero i whakaaro ai te kaitito e tika ana kia mōhiotia e ngā whakapaparanga ka whai mai. Haere he āhuatanga, puta ana he titonga; haere he āhuatanga, puta ana he titonga.

Mai i te tau 1972, i te tau i uakina ai te waka e mōhiotia nei i te wā nei ko Te Matatini, tīmata ana te putu o tēnā mea, o te titonga, ā, e putu tonu nei. Ko ōna kaupapa, ko ngā āhuatanga o te wā, nō reira ko te ara i takahia mai i te wā o āuki e takahia tonutia ana e ō ēnei rā nei kaitito. Ko te āhua ki te reo o roto i ō ēnei wā nei titonga, he take anō tērā mō tōna anō wā whāia atu ai!

I te tokonga tuatahitanga ake o te whakaaro kia tuhia e au he kōrero mō ngā titonga, i whakatau au me whakatina mai e au ki te tāhuhunu o te ao kōrero Māori, arā, kei kōrero Māori ko te Pākehā, ka mate ko te Māori ki te kōrero Pākehā i te korenga ōna i mōhio, i aro nui mai rānei, ki tōna anō reo. Ko te Pākehā ia kei te whakakite, kei te whakatinana i te iri o tōna manawa ki te reo Māori. Nāwai au i whakaaro pērā ka whakaaro ake anō, e hē, me whakawhānui kē atu te titiro, nā, ko ngā kōrero e whai ake nei.

I ngā tau o te whitu tekau o te rautau ka hori, ka karangatia ngā kaiwhakaako i te reo Māori o te motu e Te Manatū Mātauranga, koirā hoki tōna ingoa i taua wā rā, kua Tāhuhu o te Mātauranga nei i ēnei wā nei, kia rūmene atu ki roto o Ngāti Kauwhata ki Aorangi.

Ko ngā kaiwhakahaere, ko John Tapiata rāua ko Tūroa Royal, ā, ko ētahi o ngā tāngata i tonoa e rāua hei kaikōrero ki taua hui rā, ko Ngoi Pēwhairangi, ko Napi Waaka, ko Peti Rānapia, ā, ko au i ākina e te kuia rā, e Peti Rānapia kia haere atu, koinā au i whai wāhi atu ai ki taua hui rā. Nā, ko tētahi o ngā hua o ēnei momo hui, ko te titoa o tēnei mea, o te waiata, ā, ko te waiata i puta i tēnei nā Ngoi rāua ko Napi ngā kupu, ko ngā ringa nā te hunga i tae atu i kimi mai:

E te iwi Māori, auē he aha tēnei?
Ko te iwi Pākehā kei te ako e
I tō tātou reo Māori me ngā tikanga
Waiho ake tātou me te hanga kūare
Nō reira, e te iwi, kaua e waiho noa
Mā te Pākehā koe e whakaiti e
Kimihia tō tūranga tūturu Māori e
Kia kore ai koe e patua e te whakamā

Kitea tonutia ana i ngā kupu te whakatonu, te whakatūpato mai a te tokorua nei i te ao Māori, arā, kua tipu kē te whakaaro, Māori mā, kia mataara! Haere kē ana ki tōna rima tekau tau nei tēnei whakamāherehere, ā, e pēhea kē mai ana rā te taringa o te ao Māori?

Tū ana ko te kapa o Ngā Tūmanako, te whakaihuwaka o Te Matatini o te tau 2019 nei, ā, anei ngā kupu o tā rātou waiata i tito ai:

Māori mā, he rā ka taka e riro ai mā te Pākehā
tātou e whāngai ki tō tātou reo
Ki hea noa iho tātou rotua ai e te whakamā
He moumou, he moumou, Māori mā!
Tahi mano iwa rau waru tekau te tau
Nā Huirangi Waikerepuru me Ngā Kaiwhakapūmau
i te Reo te tohe i tohe, he pakanga i haere
Moumou te toto, moumou te kaha, Māori mā!
E ara! E oho! Matika!
E toaitia ana te mate i pā ki ngā reanga o mua atu
Ae rānei he kirimoko tō Māoritanga?
Ae rānei he kirimoko tō Māoritanga, Māori mā!
Kua kore i reo tuku iho
Ko te rongoā kāore e taea te hoko
Ko te hiakai o te ngākau tangata ki tana reo rangatira
tana reo tuku iho
He moumou, he moumou, Māori mā!

Tahi mano iwa rau waru tekau mā iwa te tau
Ākina ana e Kāterina tana poari o Te Taura Whiri
Kia tū te kura tuatahi ki Waimārama he kite nāna i te
raru nui
Heikōkō i te pō, maranga mai rā
Kia rongo koe i te reo Pākehā e pakepakē mai ana
I ngā ngutu o āu i whāngai ai ki te reo rangatira,
Māori mā!
E tātou, mātua mā, kei hea tātou i roto i ēnei tikanga?

Me wairua tautoko tō te kāinga, kotahi te hiahia, kotahi te matea
Ko ngā uri kia whai i tāku kāore i whiwhi, Māori mā!
Whakapai i tō marae ka whakapai i te marae o tangata kē
Kia mārohirohi, kia māia e! Whakapuruhi, tātou mā!
Kei puta ko te reo Pākehā te hua matua, Māori mā!
Kei toa anō ko Pākehā, ko Māori kei raro, ko Māori kei takoto e
He tokoiti whakapono, engari anō a tokoiti whakapono
I a tokomaha aro kore, Māori mā!
Ā kāti, he rā e taka e riro ai mā te Pākehā tātou e whāngai ki tō tātou reo
Ka taea e ia te kōrero
Engari kia riro te mana o tōku tuakiri, e kore, kore rawa!
Anei rā, kōrero Māori ki ā tātou tamariki
Kei moumou, kei moumou, Māori mā!

Kia toaitia ake tētahi wāhanga o te ngeri i haria rā e te kapa o Te Whare Wānanga o Waikato ki Whangārei i te tau 1988 hei whakaū i te whakatūpatotanga mai kei riro mā te Pākehā te Māori e whakaako ki tōna anō reo:

E tātou, e te ao Māori e tau nei kāti rā te toupiore
Te māikoiko kei riro kē mā te Pākehā tō tātou reo e pupuri
Takatū ake! Takatū ake! Takatū ake
Kia whaikiko ai te kōrero
'Tōku reo, tōku ohooho, tōku reo, tōku māpihi maurea

Tōku reo, tōku whakakai marihi!'

Auē! Auē! Auē te mamae ki taku taonga e!

Ae, e nui rawa atu ana te māharahara ki te ao Māori e kore nei e aro nui mai, ki te ao Pākehā e kaha nei te aro mai. He aha rā tōna otinga atu?

I te tau 1957, i a au e akonga ana i Te Whare Wānanga o Wikitōria i Te Whanganui-a-Tara, ka tū te hui a ngā tohunga o te reo Māori o taua wā rā, ā, tōia atu ana au ki taua hui rā e Peti Rānapia, he wahine Pākehā tino matatau ki te reo Māori. Ko mātou ko Horowai Ngārimu, ko Te Kuru-o-te-Marama Dewes, ko Anita Moke, ko Pateriki Hōhepa ngā mea tamariki i waimarie atu ki taua hui rā.

Ko ōna tohunga kōrero mai ki a mātou, ko Arapeta Awatere, ko Wiremu Ngata, ko Te Reiwhati Vercoe, ko Hoani Laughton, he Pākehā tino matatau rawa atu nei ki te reo, ko Bruce Biggs me ētahi atu anō.

Ko tētahi o ngā take i tino tohea i reira ko te whakamahinga o te tohutō. Kaha ana te whakahē mai a Te Whare Wānanga o Tāmaki, arā, a Bruce Biggs mā, engari, i te mutunga iho, ka toa ko te whakamahinga o te tohutō, me te whakatau a Te Minita o Te Mātauranga o taua wā rā, katoa ngā pukapuka ka whakaputaina ki te reo Māori e tōna tari, ka whakamahia ko te tohutō, kaua ko te takiruatanga o te oropuare pērā i tā Te Whare Wānanga o Tāmaki i tohe rā.

Nā, ko te waiata o te wā i a mātou i taua hui rā, ko te waiata a Tuini Ngāwai, arā, ko 'Te Mātauranga o te Pākehā':

Te mātauranga o te Pākehā he mea whakatō hei
tinanatanga
Mō wai rā? Mō Hātana!
Kia tūpato i ngā whakawai, kia kaha rā!
Te mātauranga o te Pākehā patipati, ā, ka muru whenua

Kia kaha rā, e hoa mā
Ka mutu anō te tānga manawa oranga
Te mātauranga o te Pākehā ka tuari i te penihana oranga
Hei aha rā?
Hei patu mahara, patu tikanga Māori e

Ko te whakatītina nui a ngā kaumātua i te rangatahi, ko te haere ki te whai i te mātauranga i te mea kei te mātauranga o te tangata tōna whai oranga ā-tinana, otirā koirā te whakapono o aua wā rā, o ēnei anō hoki. Haere, kimihia mai, ka whakahoki mai ai i ōna painga ki te iwi. Ko te ui, makihoi nei pea, kei te tutuki tā ngā koroua rā i whakahau ai?

Anei ngā kupu whakamārama i takoto mō te haka a te kapa o Te Whare Wānanga o Waikato i a rātou i tū ai ki Tūrangawaewae i te rā whakanui i te whakawahinga o Te Atairangikaahu i te tau 1984.

'Kua roa tēnei te wā e tū ana te Pākehā hei tohunga ki ngā taonga a te ao Māori. Itiiti nei rātou i tika kia kīia he tohunga, ko te nuinga kore rawa i kātata, engari ka whakatohunga tonu. Kua eke ki te wā, ā, e āki ana te rangatahi kia whai wāhi rātou ki ngā whakatau a te Pākehā mō rātou, mō te ao Māori. I takea mai tēnei haka i taua kaupapa kia tukua mā te ao Māori anō te ao Māori e whakahaere, kua roa rawa a tauiwi e whakarite ana i a tātou ki te keretao.'

Kaitātaki: *Ae, tiro atu! Tiro atu! Tiro atu!*
Katoa: *Ki te urutomo mai o te kiritea ki roto ki te ao Māori*
Whakatohunga mai ai e! He tangata kaipaoe, he kaihaumi
E toru, e whā tau noa ki te whare wānanga o te Pākehā
Kua puta mai kua kī mai ki ahau

'Me pēnei, Māori! Me pērā, Māori! Nei kē, Māori! Nā kē, Māori'

Kaitātaki: *Tēnā ko te tohunga o te ao Māori*

Katoa: *Kawe rawa ki te wai whakaika, whakangungu rawa ki te rākau*
Whakangau rawa ki te paepae hamuti
Kore rawa i rite ki te ao Pākehā e poka noa nei
Ki te tohutohu, ki te whakatakoto tikanga mā te ao Māori

Kaitātaki: *Nā taku kaumātua, nā Te Rangihau te kōrero*

Katoa: *Whakamīharo nei au ki te ao Pākehā*
Mōhio kē ake nei rātou i ahau
Kei hea te painga, te oranga mōku, mō te ao Māori e

Kaitātaki: *Ka kimi rā te hinengaro he aha rawa i pēnei ai?*

Katoa: *Nā te whakatoi pea? Nā te whakahīhī pea?*
Nā te whakaparahako pea?
E! E! Nā te hao, nā te murakehu, nā te kūare, nā te pōhēhē
Kāore he mana, he mauri ōku, o te ao Māori e!

Kaitātaki: *E te ao Pākehā, huri mai rā ō taringa e*

Katoa: *Ehara taku mana i te mana hou, he mana tawhito tonu taku mana*
I heke mai ki ahau i ōku tīpuna, i te tūāuriuritanga, i te whāioiotanga
Heoi anō tāku atu ki a koe, e te ao Pākehā
Ō roke! Ō hamuti e!
I ā hā hā!

Kaitātaki: *E tātou, e te ao Māori, kei hea kē rā te rongoā?*

Katoa: *Kei a tātou tonu! Kei a tātou tonu!*
Kaua tātou e tukua kia rite ki te keretao
Hūtia te aho, peke pēnei, peke pērā!
Huri mai tātou ki te ao o ngā tīpuna
Ki ōna whakaaro tiketike, whakaaro hōhonu
Kia whakataukī ake au i konei hei whakarongo mai mā te ao Pākehā
'He whetū ka haere ki te kai i te marama
Kei te taha ki tōna hoa riri e kore rā e toa.'
Anā! Anā! Anā tō kai e! Hei!

I te tau 2015, ka whakawhiti Te Tira Haere Tuatoru o Te Panekiretanga o te Reo ki te whenua o Amerika ki te torotoro i ētahi o ngā iwi taketake ake o reira. Anei ngā kupu o te haka i titoa mō taua haere rā:

Kaitātaki: *Nei au te takahi nei i ngā paparahi o ōku tīpuna*
I ū mai ki te whenua taurikura o Aotearoa

Katoa: *I ā hā hā!*
Nohoia ana ngā moutere matua, moutere rikiriki
Poupoua ana ki te whenua te mana, te wehi, te tapu, kia ū, kia titi
Hei kākahu rī, kei pā ko ngā kino o te wā
Āpiti mai ko te kaikaro, ko te whakapuru, ko te awherangi e

Kaitātaki: *Haere ngā tau, haere ngā tau, ka ū mai ko Ngāi Kiritea*

Katoa:	*Kīia ana au ki 'te utu pihikete'*
	Engari ahakoa ōpure te karu, teatea te peha
	Ko te karukaru e rere nei i taku tinana
	Heke iho, heke iho nō rātou mā
	E kore e taea tērā te whakahē
Kaitātaki:	*Ae, he oranga mai au i tā te nanakia*
	I tā te pokotiwha mahi ki aku tīpuna
Katoa:	*Te kaikaiwaiū tēnā, te mūrere tēnā, te tītipa tēnā, te māminga tēnā*
	Te whakatoihara tēnā, te whakananonano tēnā
	Tata reo kore, tata mana kore, tata whenua kore ana ahau
	Ngā hua o te ūnga mai o te rongo pai ki roto i ahau
	Taku māri ia he rauru mai au i ngā tātai pūkeke
	Tātai matā kai kutu, kai taua, kikopuku e
Kaitātaki:	*Tērā e rere te ui makihoi, ka mate rānei, ka ora rānei te ao Māori?*
Katoa:	*Heoi anō tāku me pēhea kē hoki?*
	Ko te kākano i ruia mai i Rangiātea
	Arā ko koe, arā ko au, arā ko tātou
	Ko ngā Māori o te ao whānui e ngunguru nei
	Au! Au! Auē hā! Hei!

Arā atu anō, arā atu anō ngā titonga ka kīia pea, i roto i te wā nei, he kaikiri, engari ko te whakatinanatanga tēnei o te takawhita, o te nakonako, o te whanowhanoā, o te tino hōhā o te ao Māori ki ngā mahi a tauiwi e noho nei ko te Māori te papa.

Ki te tahuri te tangata ki te ketuketu haere i ngā titonga o roto i ngā tau, me uaua, tino kore rawa atu kē ana rānei, e kitea he waiata mihi ki te Pākehā. Me pēhea te ngākau e kore ai e pātai he aha kē rā i pērā ai, i te mea hoki, kua kore kē pea he Māori kotahi nei kāore ōna toto mai i tētahi Pākehā i whai wāhi mai, i urutomo noa mai rānei, ki ngā tātai whakaheke.

Kua roa tātou e moemoe ana i a tātou, engari e mau tonu ana tēnei wairua o te whakahāwea atu, whakahāwea mai, whakatamarahi atu, whakatamarahi mai, whakatuanui atu, whakatuanui mai, ko ngā āhuatanga ēnei o tēnei mea, o te tangata ki te tangata. Tē taea o tērā wairua te tīkaro mai!

Ko ētahi o ngā uri kua puta e whakakite mai ana, i ō rātou āhua tonu, i te urunga mai o te toto Pākehā, ko ētahi ka uaua tonu te whakapono atu he toto Pākehā ō rātou i te kaha Māori mai o te āhua, ā, ko ētahi ka uaua tonu te whakapono atu he toto Māori ō rātou i te kaha Pākehā mai o te āhua.

Nā te kaituhi rongonui o te ao, nā Wiremu Rūrūtao, te kōrero, 'Ko ngā mahi kikino a te tangata ka ora haere ake nei, tēnā ko āna mahi papai, nehua atu ana ki tōna taha.' E whakamaumaharatia ana e te ao Pākehā āna tuahangata, ahakoa pai, ahakoa kino rānei, āna mahi i mahi ai, ki te whakapakoko i mahia mai nei ki te kōhatu, ki te maitai, ki te rino, ā, e tahuri nei tō tēnei wā nei ao ki te turaki, kaua i Aotearoa noa iho nei, engari taiāwhio i te ao.

He aha te aha ka pahawa i tērā, koirā te pātai? Ko ngā mahi ka kōrero tonutia, ka maumahara tonutia, ahakoa ko te whakapakoko kua tahuna ki te ahi, kua rukea rānei ki te wai, kua aha kētia rānei.

Waihoki tātou Māori nei. Ko ngā tūkinotanga mai a wai ake nei, ko ngā tūkinotanga i a wai ake nei, ka kōrero tonutia, ka maumahara tonutia i roto i ngā waiata, i ngā haka, ā, nā te rite tonu o te kawea i runga i ngā marae, i roto i ngā huihuinga i hea noa iho nei, kore rawa atu ana e wareware i te iwi i mate, i te iwi rānei i toa. Ko ērā matawhāura he whai i te toto kia ea, i te mana kia mau i puta ai ngā kupu pēnei ka whai ake nei.

Ka puta i a Hine-i-turama, o Ngāti Rangiwewehi, ēnei kupu i tana kaioraora mō Tūhoe i patu nei i tana tāne, i a Te Hurinui, i te pakanga i waenganui i a Tūhoe rāua ko Te Arawa i Puke-kai-kāhu:

E hiakai atu ana ahau ki Ruatāhuna, ki Kaimokopuna
Ki te okiokinga o te ūpokokōhua nei o Te Urewera

Ka hoki mai a Te Whenuanui, te rangatira o Tūhoe, me ngā makorea i te pakanga i Ōrākau, ā, i te ekenga ki te papauma o te iwi ka tū te haka, te whakatea a ngā pouaru a ērā i hinga rā i Ōrākau:

I hoki mai koe, e Te Whenuanui, ki te aha?
Tē mate atu ai i te unuhanga o te puhi o Mātaatua
Ka mahora ki te riu ki Waikato, ki te aroaro o Maniapoto

Kei te kaioraora a Kārangi o Ngāti Tūwharetoa mō Herea, i te patunga o Pohoiti i kōrerohia rā i runga ake nei, ko ēnei kupu:

Kia tīpaoa ki te tihi ki Tongariro, ki a Mātōtoru
E rua aku ringa ki te here mai i Te Aitanga a Tūwharetoa
Hei kai e!

Ko te wahine nei ko Topeora nō ngā tātai rangatira o Ngāti Toa, ā, he wahine tohunga ki te tito. He kaioraora tēnei nāna, ā, e pā ana ki te wā i te pakanga tonu a Te Rauparaha ki ētahi o ngā wehenga o Waikato. I takea mai te kaioraora nei i te patunga o tētahi tira wāhine e haere ana ki te tangi, ka patua nei rātou e te iwi o Ngāti Pou. Tukuna atu ana e Te Rauparaha te kupu whakaohiti, ka tae atu ia ki te ngaki i tana mate, ka whakahāweatia mai e Ngāti Pou. Ko ētahi o ōna rangatira ko Ue-hōkā, ko Tītoko, ko Pou-tū-teka e whakahuatia ake nei i roto i te kaioraora a Topeora:

Kia kaha e te iwi kaha kore te hāpai i te patu
Kia riro mai taku kai, ko Tītoko
Ka nenē aku niho, puhi kaha ko Ue-hōkā
Ka kohekohe taku korokoro
Roro hunānga nō Pou-tū-keka, kia horo matatia e au

Arā atu anō te rere o ngā kupu a te wahine nei, engari kitea ana te kaha o te riri, ā, me pēhea hoki e wareware ai i ngā mangainga te whakaaro matua o roto i tēnei kaioraora, i ngā kaioraora rānei a tēnā iwi, a tēnā iwi inā kē noa atu hoki te huhua.

Ae, ka riri ana tātou, kotahi atu ana ngā kupu ki te wāhi tapu o te tangata, ki te māhunga tonu, ka tīmata ai ngā whakaiti i te tangata mai i reira. Heoi anō pea te pai o te ao Māori, haere ana a whakamihi i te taha o whakahāwea, haere ana a kanga i te taha o whakatairanga, haere ana a mamae i te taha o whakamauru, haere ana a kino i te taha o aroha.

Kia whiu noa ake au i taku pātai whakatepe i ēnei whakaaro ōku, engari anō te kupu kino mō te tangata, mō te Pākehā, e waingōhia ana te kitea mai ka whiu, tēnā ko te kupu pai, piere nuku ana tērā te puta. He aha ai? Ka waiho mā ōna reanga ā tōna wā, ā kō tonu ake nei rānei tēnei urupounamu e urupare.

He Mihi rā, kei aku Rangatira, kei ngā Tūmau, kei ngā Ringawera

'Ka pai ki mua, ka pai ki muri, ka pai ngā mea katoa.'

Kei roto i tēnei iti o te kupu, mai i tētahi o ngā titonga maha a Kōtuku Tibble, te tino hāngai o te kōrero mō te āhua ki ō tātou marae inā noho te tangata ka āta whakaaro.

I te kaha warea o ngā marae o te wā nei ki te tika mai o te paepae, arā, o te taha karanga, o te taha whaikōrero, o te taha hiki i ngā waiata, ka wareware ko muri. Ko te mana o te iwi kei runga i tōna paepae me ōna ringawera. Engari i te āhua o tātou, o te Māori, ko ngā kōrero ka whiua ki runga ki te papa, ahakoa te kaurera, te ngoto kē rānei, e kore ērā e maumaharatia pērā i te reka o te haupa, i te kore kē rānei i tāwara mai o te haupa. Ka noho tuarua te āhua o ngā kōrero ka rongo te taringa i te pai o ngā kai ka rongo te pikiarero!

Ki te kore e whakatonu, he tikanga tēnei ka ngaro, arā, te tū o tētahi, o ētahi kē rānei, kei te āhua tonu hoki o te nui o te hui, ki te tuku mihi ki te hunga tū ki muri, ki te hunga tūtakitaki kia kā tonu mai ai ngā ahi o te whakaupa.

I āta tohutohu mātou i ā mātou akonga o Te Panekiretanga o te Reo, kei wareware ki te tū ki te mihi ki ngā kaiwhāngai mai i a rātou. Ka tae ana ki te otinga o te hui, ka haere te mihi, ka whai mai ko te karakia kātahi ka takahi i te ara ki te wā kāinga.

Kua kite au i ngā hui i te kore haere o tēnei tikanga ātaahua a tātou. Te āhua nei, ko te ao Māori o te wā nei, kī ana te puku, tū ake ana, haere atu ana me te kore i paku whakaaro ake ki ngā ringaringa nā reira nei ngā kai i taka, nō reira nei te kakawa i maringi kia ea ai ko te taha ki a ia, ki te tūmau.

He iwi mihi tātou, arā ki te mihia mai kua whakahokia te mihi, waihoki ko te wāhi ki te tūmau, ko tāna he mihi ki ngā tūwaewae ka eke, ā, ko āna kai ka hora tāna mihi, nō reira, ā-tikanga Māori nei, me whakautu tērā mihi ki te kupu, ki te waiata, ki te taonga rānei, engari ahakoa pēhea te āhua o te whakautu, me mātua whakautu!

Ka uru mai Te Ranga Tuarua o Te Panekiretanga o te Reo i te tau 2005, ka ākina e au kia oti i a mātou he ngeri mihi ringa wera, nā ka oti mai ko tēnei:

E mate Tamaroto?
Kore! Kore! Kore rawa! Me pēhea kē hoki
E hora nei a poumatua ki mua tonu i te aroaro
Hei kumamatanga ki te mōkarakara, ki te wainene?
Nāwai, nāwai i hora hei kai mā te mata
A ringa kua toro, a waha kua kai, a korokoro kua horo
A ngao kua tōkenekenetia
Mau roa ana ki te waha te tāwara o te ora iti o Kahutore
Toka ana a manawa kia kina ko tia e
Mōrurururu ana! Mōrurururu ana!
Te tohu o te ora, kei aku rangatira e!

Ka tū te hui a Te Kōhanga Reo ki te marae o Taumata o Te Rā, ki raro i te maru o Ngāti Manomano, ka toko ake te whakaaro me oti he paku waiata hei mihi atu ki ngā ringawera ā te wā e hiki ai te hui, ā, nā taua whakaaro rā ka oti mai ko tēnei waiata:

E te iwi e, ka ngangaro auē
Ka ngangaro auē, e te iwi e
Pūnaunau ana te whataroa a Manaia
I tāu whakaute mai, i tāu whakaupa mai
Nā konei a mihi ka rere
A mahara ka ū, ka titi ki te ngākau
Kia hoki noa ake ki tā rātou i kī ai
Kei ngā tohunga o te manaaki, hei konei rā
Kia tītoki, kia koroī

Ko ngā kupu nāku, ko te rangi nā Jackie Te Amo.

Ko tēnei waiata, kupu mai, rangi mai, nā Leon Heketū Blake o roto mai i Te Ranga Tuatahi o Te Panekiretanga o te Reo:

E te pono nihowera anō te ranea
Anō te humi o tahuaroa
Hei whakawheti i a takapū
Tē kīia ai he mākihakiha
Engari kē ia he makue, he hūnene
Hei mōhukihuki i a takō
Nei rā te reo uruhau o tūao
E whakamānawa atu nei

Rangi mai, kupu mai nā Pānia Papa o roto i Te Ranga Tuatahi o Te Panekiretanga o te Reo tēnei waiata:

Nanea ana a tia i tā te nihowera
Mokori anō kia rere a mihi
I tā te wahawaha whiunga o haupa namunamuā
Pura ana te kanohi o Tahuaroa
Tēnei a ruranga horokukū ana
Te hoki ki te wā kāinga
He kaha nō te raupī mai, whakauwhi mai

Ka uru mai ko Te Ranga Tuaono o Te Panekiretanga i te tau 2009, ka tono rātou kia haka te āhua o te mihi ki ngā ringawera, ki a Ngāi Pūtiki, nā, ka oti mai ko tēnei haka nei:

Kikī ana te tātua o Hikakawa
I kakato ai ko tōku kakī, ko tōku korokoro
Kore rawa te hōkaka, te pīkoko e pā mai ki ahau
Rā atu, rā atu he kai nā te ringaringa whero i taka
Tā te kōrero, 'Kai a tangata kē, tītongi kakī'
Ei, nei au te whakahē kau i tērā!
Nā Manaia ki tana raukena, ki a Kaha-kākā-nui
'Māu anake ngā kai pai'
Waihoki koe, Pūtiki, ki ahau, ki Te Panekiretanga o te Reo
He kai pai noa e tau mai ana ki tōku aroaro
Ko te pūtiki he tohu rangatira
Ko te whakaute, whakaupa he mahi rangatira
Te kitea nei, te rangona nei
Kia whakataukī ake au i konei,
'Inā te mahi he rangatira!'

Nā te rehe! Nā te rehe!

Hei!

Kua noho tēnei i nāianei hei ngeri i ngā kura reo ki Te Waipounamu, wana ana anō hoki tōna kawea e ngā tamariki o reira, me te aha whakamīharo ana te kaitito!

Ko te waiata nei i takea mai i ngā kura reo e tū nei puta noa i te motu, i runga anō i te kaha whāia e te hunga kōingo nui ki tō rātou reo. E whānui ake ana te titiro o tēnei o ngā titonga, engari ko tōna kaupapa he mihi ki te marae, ā, i roto i tērā whakaaro, he mihi anō hoki ki ērā ka tū ki muri. Ko ngā kupu nāku, ko te rangi nā Hone Morris o roto mai o Ngāti Kahungunu:

Papaki kau ana nga tai o mihi e

Pari nui atu ana ki te ākau o aroha

Kia toko noa ake te urupounamu i te ngākau

Me pēhea e rite ai i ahau

Tāu tauwhirotanga mai, tāu whakautetanga mai?

Tino eke ana i a koe tā rātou i kī ai

Ki te tika a muri, ka tika a mua

Ko te umu tao roa a [. . .]

E koutou, kei ngā tohunga o te manaaki tangata e

I waho ai a pito, i tā ai a ihu, i whiu ai a tia

He hoa tautauāmoa i te ekenga mai

He hoa piripono ka hoki atu nei

I te paiheretanga a te huia kaimanawa

Mārō ana hoki te taura tangata

I te āhurutanga o te noho

Kua tae rā ki te wā e huri ai te ihu
Ki te wā kāinga, ki te ūkaipō
Hei ngā kōrero ahiahitanga ia
Ko mahara ka hoki mai ki a koutou
Kei te tāhuna ā-tara o tua o kapenga
Nō reira hei konei, noho ake me te aroha
Hei te tau tītoki

Kua rima ngā haerenga o Te Panekiretanga o te Reo ki tāwāhi ki te torotoro i ngā iwi e rite nei ki a tātou, e oke ana i raro i ngā takahanga a te hunga o whenua kē kua tae manene atu, kua tae manene mai me ō rātou whakaaro, me ā ratou ture, me ō rātou reo, tāmia iho ana o reira ake, o konei ake anō hoki.

Ko te kaupapa matua ia he whakawhitiwhiti tirohanga me kore noa, i roto i tērā āhua, ka kitea mai he whakaaro ka taea te whakahoki mai ki konei āta tirotirohia anō ai mena ka whaihua ki waenga i a tātou. Waihoki ko rātou e kimi whakaaro mai ana i a tātou, ā, nā tērā, whaihua mai ana, whaihua atu ana. Ko te mea nui, ko te rāhiri tangata e renarena kē atu ana, e whakakore haere ana i te kūare mai, i te kūare atu.

Tū ai mātou ki te paku whakangahau i ia haerenga, ā, kua noho ko tēnei te waiata mihi:

Nei au Te Panekiretanga o te Reo
Ka eke ki runga i a koutou, kei aku rangatira
E takahi nei i te huarahi o aroha nui ki te reo
Kei a au, kei taku ringa ko taku mairehau
Ko āna kai ko whakauru, ko taunaki
Ko whakahau, ko puku aroha, ko whakamānawa hoki

Mai i ōku tihi e tū hira mai rā
I ōku awa ki ōu e orowaru, e tōrino nei
Ngā kaiwhakapāruru i ahau, i a waewae tapu
Tāuke ake ana ahau i te takapau
O manaaki, o pūāhuru
Kia toko noa ake te pātai i te ngākau
Kei hea tāku ki a koutou, e te rau?
Nau mai, haere mai rā ki ōku nei papa
Ki ōku whenua, ki ō te Māori
E ngunguru nei
Au! Au! Auē hā!
Hei!

Ko te rangi nā Leon Heketū Blake rāua ko Pānia Papa.

Nā, kia toai kau ake i te tāhuhu o te whakaaro i puta ai ēnei waiata, ēnei ngeri.

He tikanga rangatira nā tātou te tū ki te mihi ki te iwi kāinga mō rātou i manaaki nui mai, ā, ko te whakatinanatanga o tērā whakaaro rangatira ko te kupu mihi, ko te waiata, ko te haka, ko te ngeri, ko te aha kē rānei ka whai mai e whakapātaritaritia ake ai te tangata whenua, e, me rite hoki, me neke kē atu rānei te kaha, te wana, te pai o tāku nā mihi atu ki tērā mihi mai, ā, hei reira kua haere ko tā te tangata whenua whakautu.

Tū ai tēnei mahi ki runga i te marae i ētahi rohe, ki ētahi kē atu ka tū te kaimihi i te wā o te hākari, o te kai whakamutunga, i mua i te wehenga atu i te marae.

Ki ētahi marae, kua puta te kōrero a te iwi kāinga, 'Kāore anō rā kia tae ki te ihu o te poaka', ko tēnei kē rānei, 'Kua tō haere kē rā te rā'. Ko te tino whakamāoritanga o ēnei kōrero, kei te nui tonu rā te kai, waiho mō āpōpō hoki ai kia taea ai te āta hoki, tē whāwhai kurī noa iho ai. He whakatau katoa ēnei nā te iwi kāinga, engari e mōhiotia ana ko te kupu tuatahi i te wā o te hokinga kei te manuhiri. Kei te tangata whenua te kupu whakamutunga, ki te wawe rawa hoki te tū o te tangata whenua ki te mihi i mua i te tūnga ake o te manuhiri kua kīia tērā he pana tangata. Ko te mana ki te wāhi e tū ai te hui nō te tangata whenua, nō reira ko te kupu tuatahi kei a ia i te ekenga mai o te manuhiri, ā, hei te wehenga atu o te manuhiri, ko te kupu whakamutunga kei a ia, kei te tangata whenua.

Ko te āhua o ngā waiata he whakangahau, engari ahakoa tōna momo ka kawea, e whakanui ana i te iwi kāinga, e whakanui ana anō hoki i te manuhiri, i tae mai ki te whakanui i te hui. Nā, me mau ki tēnei āhua kia ea ai te taha ki te tikanga, ka mutu he aha te uaua? He māmā, e hika e, kua mihia mai, nō reira me whakahoki te mihi, utua te pai ki te pai!

He Paku Whakaaro, he Kōingo Nui

'Ko te ao tākaro, ao hākinakina kei te takahi i te haka, ko te atamira o te tātāwhāinga kei te tānoanoa i te karanga.'

Koia nei ngā kupu whakapae i whiua atu e au ki aku akonga o Te Panekiretanga o te Reo kia whiriwhiritia mai, kia whakaaetia mai rānei, kia whakahētia kētia mai rānei, kia tīhaea mai rānei, engari kia tino puta i a rātou he whakaaro. He werohanga hirikapo noa, engari he take tonu e whai tikanga ana kia paku kōrerotia e te ao haka, ki a au nei rā!

I a au i tōku kura tuarua Pākehā, Pākehā rawa atu nei, he haka tā te hunga noho, he haka tā te kura whānui ka hakaina kia tukituki ko te tekau mā rima mātāmua o te kura ki ōna anō wheinga o te ao hutupōro. Nā, ko tā te kura whānui haka, ko 'Ka Mate, Ka Mate' me ōna tāpiritanga mai i hea noa iho nei, ā, ko tā te hunga noho i te kura, ko 'Utaina'. Hē mai ana ā-ringa, ā-takahi, ā-whakahua, ā-kupu tonu, engari kāore he aha tahi ki a kūare mā, kei konā e karawhiu ana mō te hemo tonu atu, ko te kurupākara kē te mea nui! Otirā, he mahi tēnei nā ngā tekau mā rima mātāmua hutupōro o ngā kura tuarua huri i te motu tē paku aro ki te tika, ki te whai tikanga rānei o tā rātou i haka ai.

Ko te hunga noho, pēnei i a mātou o te rohe ki Heretaunga, hoki ai mā runga rerewhenua ki te kāinga i ngā wā whakatā o te kura, nā kia tū nei ki ōna teihana i te ara o te hokinga, kua heke iho a Pākehā mā ki konā haka ai. Ko au ia kia whai wāhi atu, kia tāharahara, engari mō tēnā ahakoa tātātia mai e Ngāi Kūare mā i taku tino korenga i whai wāhi atu.

Mai i taua wā rā taku kororiko, taku takeo, taku tino kore rawa atu i pai ki te hē noa iho mai o te kupu, ki te haka kurī noa iho i konā haka ai me te whakaaro kore ki te iwi nāna te haka, ki te kaitito rānei o ngā kupu e kōhurutia mai rā e te tino kore mōhio. I te mea ko te kupu te tino, te mātāmua o ngā āhuatanga Māori matua katoa, ko tērā me tika, ka mutu he māmā noa iho te whai kia kitea nā wai, ā, he aha kē ia te kupu tika. Kia pātai noa au i konei he aha i pai ai ki te tangata kia rangona, kia kitea tōna kūare? Te hia kore kē i rōrī, e hika, e!

Ko te ao tērā o Ngāi Kiritea e mahi mai rā, engari kua āhua pērā haere anō hoki te hunga whakaaro kore o roto mai i te ao Māori, i te ao haka. I tētahi o ngā whakataetae kura tuarua e noho kaiwhakawā ana au, ka hakaina mai e te kapa tētahi o āku nā haka me te hē mai o ngā kupu, ā, i tērā tonu tātāhia atu ana e au, engari me taku mōhio ko te hē nō te kaiwhakaako i a rātou.

Ko tāku kē e mea nei, ka riro ana mā tātou anō tātou e rongo ai i te pōrahurahu, e aniu ai, he raru tō tātou. Me kōrero, me whakatika ahakoa ko ētahi o te ao haka, ko te mutunga kē mai nei o te taringa pākura, kāore e pai kia kōrerotia atu!

Hei roto i ērā kupu, kua huri ki te hunga whakawā. E tū mai ana te kapa kia whakawātia me tōna mōhio e pērātia ana ia, nō reira ko ngā kupu ka takoto i te kaiwhakawā me whaikiko tonu, me āwhina i te kapa kia pai ake, kei hea kē rānei e hē mai ana ki tā te kaiwhakawā titiro. E whakapono ana te kapa, e mātau ana te kaiwhakawā ki tāna kua whakaritea nei e ngā kaiwhakahaere māna e whakawā. I te mutunga iho, ka whakatau te kaiwhakawā i tāna i whakawhiwhi atu ai i runga tonu i tāna i pai atu ai, i kore rānei i pai atu, ā, mā ngā kōrero i te taha o te whakawhiwhinga e tohu nā te aha i pērā ai tana whakatau.

Kei te komiti matua o ngā whakataetae te whakatau ko wai hei kaiwhakawā, ā, kōwhiritia mai ai e rātou i te hunga kua whakaingoatia atu e ngā rohe. Ko te hunga e tika kē ana kia whakawā kei te haka tonu nā reira kua mate ki te titiro ki wāhi kē atu o rātou. Ehara i te mahi māmā te whakawā, te whiriwhiri rānei ko wai kia noho ki taua karangatanga rā, engari he take nui kia tino kōrerotia e te ao haka.

Ko tāku noa ki ngā kaiwhakawā, inā tuhia e koe ō whakaaro ki te reo Māori, tēnā koa kia tino tika mai tō reo! Kātahi nā te hōhā me te whakapuku rae, ko te riro mā te reo hauā, hē noa iho nei rānei hei tohutohu mai. Kia purata, e te hunga whakawā, ko te āhua o tāu nā whakawā i te kapa o mua i tōu aroaro te āhua o te whakawātia mai ōu e taua kapa haka rā!

E maumahara ana au ki te kaitātaki o tētahi o ngā kapa rongonui o te motu e pātai mai ana ki a au i Te Matatini i tū ki Ōrākei, 'Tīmoti me aha rawa e toa ai taku kapa?' Ko tana whakapae, whakapono tonu anō hoki, me tū noa mai rātou ko tana kapa, kei raro e putu ana. I pai ai, nō ngā tau o muri mai i te rerenga mai o te pātai nei ka toa rātou, ā, pai katoa ana ngā piropiro o koroua!

Kei te tino kite tātou kua kore te haka taparahi i taparahi i te kaha uru mai o te rākau ki roto. Ko tōku nā mōhio, ko te taparahi, ko te haka mā te tinana e kōrero, kia kaua e whakapōreareatia mai ki te rākau, engari haere ana a whakawhenumi, haere ana a pōpō. Hāunga ia te kaitātaki me te manu ngangahu, ka mau rākau rāua, engari ko te kapa ko tōna tinana tana rākau. Ki a au nei, kāore i tua atu i te haka e kōrero ana te katoa o te tinana, mai i te māhunga ki ngā waewae, te kai tangata o te āhua me te whāitaita mai hoki, kei reira te tau, te ātaahua o te haka.

Whakamīharo ana tērā ngā kapa e mau rākau ana te katoa, kotahi ana te kawe, te whāngai i ā rātou rākau. Kātahi nā te rehe, kātahi nā te raka o te kirikawa ki te rākau ka kitea. Ki a au nei, ka kore e mōhio ki te mau rākau, pēnei i a au nei, waiho ki rahaki, whakamahia ko te reo, ko te tinana hei hiki i te haka, otiia i te mutunga iho, kei te reo o te kaitātaki me tāna kawe te puta o te wana, te tāmatetanga rānei o tana kapa.

Ka whā tekau mā aha ake nei ngā kapa ka tū, ka māmā te kitea o ērā kāore i te paku kainamu atu ki te taumata e tika ana, ā, pai ake mena kāore i tohe ki te tū mai. Ki a au nei, ko tōna rua tekau nei ka rawaka, engari me mutu te mahi mūrere a ngā rohe ki te whakatū rōpū kimikimi noa iho nei, ka kīia he kapa whakataetae. E whai ana hoki aua rohe rā kia nui ake ngā kapa kia tū, kia nui ake anō ai hoki te hunga ka tū ki ngā whakataetae matua o te motu. Nā, hei reira tino kitea ai te kore i eke ki te taumata e tika ana, me te take i purere atu ai te hea ki te kai māna, kia eke rawa mai he kapa e mōhiotia ana tōna pai, ka hoki mai anō ai rātou. Kei hea he patunga ngākau, patunga wairua i tua atu i tērā o te haka ki ngā kaiwhakawā noa iho? Ko tātou Māori nei, he iwi tere te hongehongeā, nō reira ki te kore e pai ngā mahi a te kapa e tū mai rā, nō hea a Māori mā e noho mai!

Ko ngā rohe iti nei ngā kapa me whakakotahi atu ki ērā e nui ake ana ngā kapa, ā, mā tērā e puta ai he kapa pai i te mea kua tino mate ki te whakataetae. Ka taea te whakaingoa ngā rohe kāore i te kātata, nā reira ka aroha ki ngā kaiwhakawā e whakapau kaha nei ki ērā momo kapa, ki ngā kaiwhakahaere anō hoki e komekome nei mō te nui rawa o te utu ki te whakatū i ngā whakataetae. E te komiti matua, tukuna tō toki kia mahi i tāna mahi!

Ko te waiata ā-ringa i roto i ngā tau i te ngoikore haere, engari kua hoki haere mai anō tōna kaha, tōna pakari, tōna ātaahua, tōna anō wana. Rongo ake nei au i roto i ēnei tau tata nei, kua tino nui ngā waiata ā-ringa ko te kaupapa he tangi mate. Tino ātaahua ana ētahi ā-rangi, ā-kupu, ā-ringa, engari kei reira anō ētahi hei aha noa iho i kōrerotia ai. Mena he whakatūpato tāku, anei – kei kaha rawa te riro o te ia o te waiata ā-ringa i te tāne e kaha nei te putaputa mai. E noho ngā tāne hei taituarā, ko ngā wāhine hei whakawai!

Ko ngā waiata mai i nehe, e pērā ana rānei te kawea ahakoa he titonga nō nā noa nei, kei te kaha te whakaaweawetia mai e te puoro Pākehā me taku tino kore i tumeke i tērā āhua, i te mea ko ngā taringa o te ao Māori o te wā nei e waia kē noa ake ana ki tā te Pākehā puoro. Tino okuoku rawa atu ana ngā kapa e Māori mai ana te tangi o ngā reo i te wā e pōhangahanga ana, e mōteatea ana, ko te nuinga ka whai i te rangi e reka ana ki te taringa whakarongo waiata Pākehā. Ehara i te mea kei ngā whakataetae noa nei tērā āhua, engari kei runga i ō tātou marae e pērā ana, ko te tangi Māori kua kore, me tino uaua rānei ka rangona. Ko te kawe i te pōkeka, i te pōhuatau, i te ngeri, i te pātere kē rānei, te whāinga a te tokomaha i te mea he wana, he rangaihi, ka mutu he māmā noa ake i ā te Māori rangi o roto i ngā waiata tangi, waiata aroha.

Kia tahuri ake ki ngā wāhine e karanga nei i runga i te atamira. Ko te wahine tino mōhio ki tāna mahi ka heke i a ia te roimata o te tangata, engari ko tāku nā whakarongo ki ngā karanga o runga i te atamira o tauwhāinga kei te tānoanoa i tētahi o ā tātou tino tikanga tino ātaahua. He rite ki te pūkana, ko ētahi wāhine ka tau, ko te nuinga kāore, waihoki te karanga, ko ētahi ka tau, ko te nuinga kāore!

Ko te wahine karanga me mōhio ki te kimi kōrero e hāngai ana ki te horopaki o te wā, me reo waitī, me manawa roa. Kia taea ai e ia āna kupu karanga i roto i te hā kotahi, me tino mōhio ki te kōrero Māori kia pai ai tana whiriwhiri i ngā kupu ka taea e ia i taua hā kotahi rā. Kua kore te wahine i whakamā i te hē noa iho o tōna reo, i te whatiwhati o tana karanga, i te parau rehe noa o ngā kupu ka taka mai i tōna waha. Te āhua nei, ko tā ēnei wāhine, mā te aha i te puta o te kupu, ko tua atu hei aha noa iho i āta whakaarotia ake ai.

I ōna wā, e whakaae ai te tohunga kua puta te ihu o tana pia, me hemo i te pia he tangata, he whanaunga tata rānei, i āna karakia whaiwhaiā. Waihoki te wahine karanga, e whakaaetia ai e tōna kaiwhakaako kua puta te ihu, me tangi i a ia he tangata i te reka o tōna reo, i te tākiritanga o ngā kare ā-roto e ngā kupu puta mai i te waha o te kaikaranga. Nā, i a au ka whakarongo ki ngā wāhine o te ao haka e karanga ana, ki konā au kōtē ai, he aha te aha; tino kore ana he paku aha nei e tohihī mai i aku kaikamo, engari hia tāheke kē ana i te korenga i eke!

Ko ā tātou tikanga matua, ko te whaikōrero, ko te karanga, ko te manaaki tangata, ko te pupuri anō hoki i te mana kia ū, kia ita. Nā, ko taua mana rā ka waimeha, ka kore, nā runga i te kore take o te whaikōrero me te karanga, tae atu ki te haka me te waiata. Katoa ēnei ki a au he manaaki i te manuhiri whakaeke, i te tangata whenua rānei o te marae e eke atu rā te manuhiri. Ki te kore e whāia kia eke ki ōna taumata, kei te whakaiti, kei te whakahāwea kē tātou i te manuhiri, i te tangata whenua kē rānei.

Ehara i te mea i huataki mai te wairua whakataetae i Te Matatini, engari nō mai, mai tērā āhua i runga i ō tātou papa; koirā i tū noa iho ai ko ōna kaikōrero mōhio ki te tārai i te kupu, pērā anō hoki ngā wāhine karanga me mōhio ki te tārai i te kupu, me tohunga. Nā, kia tū ki te waiata kia pai, kia wana, kia hāngai, kia tau, kia kaha.

Ehara ia nei tēnei i te whāinga matua a Te Matatini, ko tino taumata kia ekea? Kia tino kounga hoki te mahi, kia kaua e noho noa i ngā aupaki me te whakaaro ka mātua rā i tēnei, hei aha a tua atu? Heoi anō, he utu tō te whāinga i te kounga, ko te ngaro o te wairua Māori, ko te ora o te tū hōia, te ōrite o te rere o te ringa, te piu o te poi, te takahi o te waewae, te huri o te māhunga.

Ko tā rātou hoki, 'E tū i te tū a Tāne-rore, e haka i te haka a Tāne-rore, kaua i tē tu, i te haka a te keretao', engari tata pērā ana te nuinga o ngā kapa i te kaha mataku kei paku hē te aha rā, kua haere mai ko te toki, te pene whero a te kaiwhakawā, kua hinga ko te kapa nā te hapa o te kotahi, engari nā rātou anō hoki te kī, 'Hē o te kotahi, hē o te katoa.'

Kāti ake rā pea ki konei ngā tāwaitanga a te koroua nei i kaihaka nei i ōna wā, i kaiwhakaako kapa haka nei i ōna wā, i kaiwhakawā nei i ōna wā, kua autaia tonu nei hoki āna titonga kua kawea e ōna kapa i roto i ngā tau i runga i te atamira o tātāwhāinga. Koia nei tāku tātai tangata mō te tūpono perea mai ki te urupounamu nō hea ōu nā mōhio kia pēnei ai tō whiu i te kupu?

E te ao haka, nō roto mai au i a koutou, koinei ka aroha nui atu nei ki a koutou, ki a tātou me te īnoi kia mau i a tātou ēnei mahi me tōna wairua Māori anō ka pahawa, koia nei tōku kōingo nui.

Tau ake ana rā i konei tau ai!

He Kuputohu

He whakamārama

E noho tītaha ana ngā whārangi kei reira ngā waiata, ā, e miramira ana ngā tohutoro ki ngā whakaahua. E tohu ana ngā taiapa pewa i ngā ingoa takakau me ētahi atu ingoa kārangaranga o taua tangata. E tohu ana ngā taiapa tōtika i ngā hapū me ngā iwi me ētahi pitopito kōrero mō te tangata/rōpū. Kua noho tītaha te nama o te whārangi mēnā kua kōrerohia te tangata/rōpū i tētahi waiata kei taua whārangi rā.

A

'Aku Mahi' *10, 15*
Aotearoa Traditional Māori Performing Arts Festival 109
Apirana, Mihi **whakaahua 16**
Aranga, Takapau **whakaahua 16**
'Arohaina mai, e te Kīngi nui' *40–41*
'Auahi ka kā kei Pōneke rā' *98*
Awatere, Arapeta 136
Awatere, Peta 49

B

Bartlett, Sonny 35
Blake, Leon Heketū (Te Heketū) [Ngāti Kahungunu, Ngāti Porou, Taranaki, Tūhoe, Tūhourangi, Ngāti Wāhiao, Ngāti Whāwhākia] xviii, 8, 72, 81, 82, 146, 150, **whakaahua 18**
  he waiata nāna i tito
    'E te Pono Nihowera' *146*
Biggs, Bruce [Ngāti Maniapoto] 136
Boynton, Cini **whakaahua 1**

C

'C' Company 40
Carroll, Sir James (Tā Timi Kara) [Ngāti Kahungunu] 98
  he waiata mōna
    'Auahi ka kā kei Pōneke rā' *98*
'Chattanooga choo choo makere mai tō piupiu' *102–03*
Collier, Reuben **whakaahua 22**

D

Delamere, Mōnita 177
Dewes, Te Kuru-o-te-Marama 136

E

'E horahora atu rā' 14, *38*
'E Ipo' *65*
'E karanga kau ana, e Niwa' *82–83*
'E kīia ana ko te aroha anō he wai' *70–71*
'E kīia mai nei ka ngaro a Ngā Puhi' *32–33*
'E kore e ahiahi' *53*
'E kore te aroha e taka e' *64*
'E Koro mā i te Pō' 110
'E koro, Tā Apirana' *118–19*
Ellison, Maku 26
Elworthy, Sam xviii
'E Mate Tamaroto?' *145*
'E nanawe ake ana' *112*
'E noho ana hoki' *56*
'E noho e 'Rata' *29–30*
'E pari rā' *26–27*, 62, **whakaahua 5**
'E rere, e te manu' 68, *69*
'E tā mā, he mārie' *27–28*
'E tātou, e te ure tārewa, e te ure tū' *122–24*
'E Te Hokowhitu a Tū, kia kaha rā' *47*

'E te hunga whakawā' *125–26*
'E te iwi Māori auē he aha tēnei?' *133*
'E tō e te rā!' *87–88*
'E tū, e Ure' *107*
'E whae', e Pī'' 83, *84–85*

G
Gardiner, Makoha **whakaahua 21**
Gardiner, Tā Wira 7

H
'Haere mai, e ngā iwi, ki te hui aroha e' *46*
'Haere mai rā, e te Kāwana e' 14, *45–46*
'Haere rā, e hine, ki Rotorua ki reira noho ai' *58*
'Haere rā, haere rā, e taku reta' *59*
haka
  mō te hokinga mai a Tūhoe i Ōrākau 142
  nā Tūhoe
    'Auahi ka kā kei Pōneke rā' *98*
    'He haka nā Tūhoe mō Te Whenuanui mā' *142*
    'Pakoko! Pakoko!' *97*
haka pōwhiri 14
Harawira, Hōhepa (Joe) 109, **whakaahua 17, 23**
Harawira, Te Waiārani 96, 97, **whakaahua 16**
Hare, Ani **whakaahua 16**
'Haria i runga, haria i raro' *97*
harihari kai 95–97
  nā Tūhoe
    'Haria i runga, haria i raro' *97*
  nō ēnei wā nei
    'He kai! He kai!' *98*
  nō Te Tai Hau-ā-uru
    'Hei aha te heihei?' *97–98*
Haunui, Wiremu **whakaahua 16**
'He aha kei taku uma e pātuki ake nei' *63*
'He aha rā kei te tau o taku ate e haehae ake nei?' *110–11, 135–36*
Hērangi, Te Puea [Ariki Tapairu o Waikato] 5, 11, 14, 28, 29, 30, **whakaahua 2**
  he waiata nāna i tito
    'E noho e 'Rata' *29–30*
'He haka nā Tūhoe mō Te Whenuanui mā' *142*
'He haka te wahine!' *115–16*
'Hei aha te heihei?' *97–98*
'He kai! He kai!' *98*
'He Kaioraora mō Tūhoe' *142*
'He oranga mai' *95*
'He putiputi koe i katohia' *60–61*
'He pūru taitama' 63, *106–07*
'He Rau Maharatanga' *81*
He Toa Takitini – *tirohia te kupu* kapa
'He wawata i ngā rangi nei' *68*
Hītara 42, 43
  he waiata mōna
    'Hītara waha huka, ūpoko mārō' *42*
    'Ngā rongo o te pakanga nei' *43*
'Hītara waha huka, ūpoko mārō' *42*
Hine-i-Turama 142
  he waiata nāna i tito
    'He Kaioraora mō Tūhoe' *142*
Hine-mārekareka xviiii, 9, 10, *129*
Hine-rēhia 7, 11, *86*
Hine-te-iwaiwa xviiii, 9, 10, *85, 92, 129*
'Hokahokai nei au ki te pakikau o tōku whare' *129–31*
'Hokihoki tonu mai' 58
Hōhepa, Pateriki 136
Howard Morrison Quartet 49
Huata, Wī Te Tau 4, 5
Hunia, Maraea **whakaahua 21**
Hūhū, Māhanga 35
Hūhū, Mikaera 35

I
Īhaka, Tā Kīngi Matutaera 90, 115, 170
'I riro koe, e Pā' *85–86*
'I runga ahau o Ngā Puhi' *33*
'I runga o ngā puke' *24*, **whakaahua 5**

J
Jones, Bob 3
Jones, Pei Te Hurinui 3

K
'Kāore hoki te pō nei' *54*
'Kāore te aroha e huri i runga rā' *55*
Kāretu, Mauwhare xviii
Kāretu, Tā Tīmoti [Ngāti Kahungunu, Tūhoe] xviii, xix, 7, 14, 68, 71, 110, 154, 169–70, **whakaahua 1, 7, 9, 10, 11, 16, 17, 18, 21, 23, 24**
  he waiata nāna i tito
    'E karanga kau ana, e Niwa' *82–83*
    'E kīia ana ko te aroha anō he wai' *70–71*

'E koro, Tā Apirana' *118–19*
'E Mate Tamaroto?' *145*
'E nanawe ake ana' *112*
'E tātou, e te ure tārewa, e te ure tū' *122–24*
'E te hunga whakawā' *125–26*
'E tō e te rā!' *87–88*
'E whae', e Pī'' 83, *84–85*
'He aha rā kei te tau o taku ate e haehae ake nei?' *110–11, 135–36*
'He haka te wahine!' *115–16*
'He Rau Maharatanga' *81*
'Hokahokai nei au ki te pakikau o tōku whare' *129–31*
'I riro koe, e Pā' *85–86*
'Kei taku kōmutu taramea' *79–80*
'Kei Taku Tōrere' *71–72*
'Kikī ana te tātua o Hikakawa' *147–48*
'Nei au Te Panekiretanga o te Reo' *149–50*
'Nei au te takahi nei i ngā paparahi o ōku tīpuna' *139–40*
'Ōu tohu, e te hoa, i tō haerenga e' *75–76*
'Papaki kau ana ngā tai o mihi e' *148–49*
'Pokokōhua ana koe e te mate' *126–28*
'Pūnaunau ana te whataroa a Manaia' *146*
'Te Aumangea' *117–18*
'Te koha mai a Tāne-rore ki te ao Māori' *119–22*
'Te Muru Whenua' 112, *113–15*
'Te Rangiāniwaniwa' *76–77*
'Te urutomo mai o te kiritea ki roto ki te ao Māori' *137–39*
'Te Wharehuia, kei taku ariki' 88, *89*
'Whakaipuipu mai rā te moana kei waho rā e' *78*
Kāretu, Tame xviii
'Ka eke ki Wairaka' *52*
kaioraora
'He Kaioraora mō Tūhoe' *142*
'He Kaioraora nā Topeora' *142–43*
'Te Kaioraora a Kārangi' *94, 142*
'Te Kaioraora a Tāmaku' 93, *94, 108*
Kaipara, Tinamaree **whakaahua 21**
Kaiwai, Mate 170
'Ka Mate' *8, 152*
kapa
He Toa Takitini 4
Ngāti Hauā 3, 96
Ngāti Pōneke 67, 118, 119
he mihi ki te kapa
'E koro, Tā Apirana' *118*
Ngāti Rānana 3, 169, **whakaahua 1**
Ngā Tūmanako 133, **whakaahua 19**
he waiata nā rātou
'Māori mā' *134–35*
Ōpōtiki Mai i Tawhiti 87
Taniwharau 4, 115
Te Hokowhitu a Tū 37, 40, 41
he waiata nā rātou
'E horahora atu rā' 14, *38*
Te Iti Kahurangi [1974] 4, 29
Te Pou o Mangatāwhiri 28
Te Rangatahi 3
Te Rerenga Kōtuku, 118, *121*, **whakaahua 20**
he waiata mā te kapa
'E koro, Tā Apirana' *118–19*
'Te koha mai a Tāne-rore ki te ao Māori' *119–22*
Te Waka Huia 83, 87, 126, **whakaahua 14, 15**
Te Whare Wānanga o Waikato 4, 5, 14, 16, 76, 79, 109, 110, 115, 122, 125, *126*, 128, 135, 137, 169–70, **whakaahua 17, 22, 23, 24**
Tūhoe ki Waikato 5, 85
Tū Te Maungaroa 116
Waihīrere *84*, 85
Kara, Tā Timi – *tirohia a* Carroll, Sir James
'Karangatia he mīti' *96*
'Karangatia rā' 14, 15, *31–32*
'Ka rapa, ka kimi noa ngā whakaaro' 63, *64*
Katipa, Ngaringi 109, **whakaahua 21, 22**
'Kei taku kōmutu taramea' *79–80*
'Kei Taku Tōrere' *71–72*
'Kei tangi a Big Ben' 100, *101–02*
'Kia ora ngā hōia' *50*
Kīngi, Te Kirikōwhai 29
'Ko ahau kei te ngutu e mauria ana mai' *92*
Komene, Phyllis **whakaahua 1**
Komene, Te Rēhia **whakaahua 22**
'Kore koe i mōhio' *105*
Koroheke, Tiki **whakaahua 21**
Koroheke, Whakaarahia **whakaahua 21**
'Kotahi atu, kotahi mai he paoro pakōpakō' *104*
'Ko tēnei te pō i raro o te marama' *67*

'Kua kī taku puku' *96*
'Kua rongorongo hoki ahau' *39*
Kuini Irihāpeti Te Tuarua 4, 16, 26
kura
  Fairfield College 4
  Hato Hōhepa 16
  Hato Pētera 47
  Hukarere 2, 16
  Te Aute 2, 16
  Te Kura o Kōkako 1, 2
  Tīpene 16, 20, 47
  Wikitōria 16, 20, 47

L
Lardelli, Tā Derek 8
Laughton, Hoani 136

M
'Māori mā' *134–35*
'Mā Wai rā e Taurima te Marae i Waho nei?' 33
MacDonald, Tangatakino 75
  he waiata mōna
    'Ōu tohu, e te hoa, i tō haerenga e' *75–76*
'Mahara' *65–66*
'Mai i ngā rā o mua, e Ari' *34*
Manihera, Daphne **whakaahua 16**
Manomano [Ngāti Tūwharetoa] 93
  he waiata nāna i tito
    'Mene tonu mai runga' *93*
manu ngangahu 18–19, 154
Marsden, Māori 117
Mataira, Kāterina Te Heikōkō 65, *134*
  he waiata nā rāua ko Ngoi Pēwhairangi i tito
    'Mahara' *65–66*
Matatini – *tirohia a* Te Matatini
'Mate koe i te aroha, e hine, me tono e koe' *105*
Maxwell, Te Kāhautū 87
Maxwell, Trevor **whakaahua 12**
'Me āta tukutuku, e hine, i ō taera' *105*
'Me he manu rere' *58–59*
Mei, Te Ariki **whakaahua 16**
Melbourne, Hirini [Tūhoe, Ngāti Kahungunu] 68
  he waiata nāna i tito
    'E rere, e te manu' 68, *69*
'Mene tonu mai runga' *93*
Milroy, James Wharehuia (Wharehuia, Te Wharehuia, Tākuta Wharehuia) [Tūhoe] xviii, 69, 70, 82, 88, *89*, 169, **whakaahua 8, 13**
  he waiata mōna
    'Te Wharehuia, kei taku ariki' 88, *89*
  he waiata nāna i tito
    'Tai Aroha' *69–70*
Milroy, Rongomaiāniwaniwa (Niwa, ingoa takakau: Fabling) [Te Arawa, te wahine a James Wharehuia Milroy] 82, *83*, **whakaahua 13**
  he waiata mōna
    'E karanga kau ana, e Niwa' *82–83*
Minhinnick, Urupikia **whakaahua 21**
Mitchell, Hāmuera Taipōrutu (Hamu) [Ngāti Whakaue, Te Arawa] 78–79, 117, 170, **whakaahua 12**
  he waiata mōna
    'Kei taku kōmutu taramea' *79–80*
Moana, Wī [Ngāti Porou] 42, 43
  he waiata nāna i tito
    'Hītara waha huka, ūpoko mārō' *42*
'Moe mai, e hika, i tō moenga roa' *74*
Moke, Anita 136
Mōrehu, Norma **whakaahua 1**
Morris, Hone 148
Moses, Mac (Mēke) 1
'Moumou rawa mai te kai a te tara nei' *95*
Moxon, Te Aro **whakaahua 21**

N
Nathan, Te Anga **whakaahua 22**
'Nei au Te Panekiretanga o te Reo' *149*
'Nei au te takahi nei i ngā paparahi o ōku tīpuna' *139–40*
Nekepapa [Te Āti Awa] 53
  he waiata nāna i tito
    'Te hora aku paki ko koe e Te Poho' *53*
Nepia, Kawana **whakaahua 12**
Newall, Sir Cyril [Kāwana-Tianara] 45
Nippert, Alex Hukarere **whakaahua 21**

Ng
Ngārimu, Horowai 136
Ngārimu, Te Moana-nui-a-Kiwa [Te Whānau-a-Apanui, Ngāti Porou] 44, 45, 46, *47*
  he waiata mōna
    'Haere mai, e ngā iwi, ki te hui aroha e' *46*

'Ngā rongo o te pakanga nei' *43–44*
Ngāti Hauā – *tirohia te kupu* kapa
Ngāti Pōneke – *tirohia te kupu* kapa
Ngāti Rānana – *tirohia te kupu* kapa
Ngā Tūmanako – *tirohia te kupu* kapa
Ngāwai, Tuini [Ngāti Porou, Te Whānau-a-Ruataupare] 1, 14, 31, 34, 36–39, 40, 42–44, 40, 40, 63–64, 100, 102, 106, 136, **whakaahua 3**
he waiata nāna i tito
'Arohaina mai, e te Kīngi nui' *41*
'E kore te aroha e taka e' *64*
'E Te Hokowhitu a Tū, kia kaha rā' *47*
'Haere mai, e ngā iwi, ki te hui aroha e' *46*
'Karangatia rā' 14, 15, *31–32*
'Ka rapa, ka kimi noa ngā whakaaro' 63, *64*
'Kei tangi a Big Ben' 100, *101–02*
'Ngā rongo o te pakanga nei' *43–44*
'Putiputi kanehana e' *106*
'Te Hokowhitu Toa mauria atu rā' *41–42*
'Te Mātauranga o te Pākehā' *136–37*
'Te rā i haere ai' *39–40*
'Ngā Whare Pā' 14
Ngata, Arihia Kane (ingoa takakau: Tāmati) [Ngāti Porou, te wahine tuatahi a Apirana Ngata] 34
ka kōrerohia tōna ingoa
'Mai i ngā rā o mua, e Ari' 34
Ngata, Tā Apirana (Api) [Ngāti Porou] 11, 14, 24, 25, 27, 30, *31*, 33, 34, 38, 45, 48, 49, 57, 60, *118*, *127*, **whakaahua 2**
he waiata nāna i tito
'E tā mā, he mārie' *27–28*
'Haere mai rā, e te Kāwana e' *45–46*
'He putiputi koe i katohia' *60–61*
'Pōwhiritia rā ngā mōrehu' *48–49*
he waiata nā rāua ko Paraire Tūmoana
'Pōkarekare ana ngā wai o Waiapu' *57*
'Te Ope Tuatahi nō Aotearoa' 25–26
ka kōrerohia tōna ingoa
'E horahora atu rā' 14, *38*
'E koro, Tā Apirana' *118*
'Karangatia rā' 14, 15, *31–32*
'Pokokōhua ana koe e te mate' *126–28*
Ngata, Wiremu 136
ngeri 9, 95, 110, 125, 126, 135, 145, 148, 150, 156

O
O'Connell, Te Tūmatakuru **whakaahua 23**
Ohia, Watson **whakaahua 23**
'Ōu tohu, e te hoa, i tō haerenga e' *75–76*
O'Regan, Hana **whakaahua 21**

P
Paiki, Margaret **whakaahua 1**
'Pakoko! Pakoko!' *97*
Paku, Rangi **whakaahua 10**
Panekiretanga – *tirohia a* Te Panekiretanga
pao 95–97
'Kua kī taku puku' *96*
'Karangatia he mīti' *96*
'Papaki kau ana ngā tai o mihi e' *148–49*
Papa, Pānia [Ngāti Korokī-Kahukura me Ngāti Mahuta] xviii, 72, 81, 82, 146, 150, **whakaahua 18**
he waiata nāna i tito
'Nanea ana a tia' *147*
Papesch, Te Rita 68, 76, 109, 110, **whakaahua 17**
Papuni, Christine **whakaahua 22**
Papuni, Tāwhaki **whakaahua 22**
Pēwhairangi, Kumeroa Ngoingoi (Ngoi) [Ngāti Porou, Te Whānau-a-Ruataupare] 20, 37, 63, 64, 65, 77, 133, 170, **whakaahua 3, 4**
he waiata mōna
'Whakaipuipu mai rā te moana kei waho rā' *78*
he waiata nā rāua ko Māui Dalvanius Prime i tito
'E Ipo' *65*
he waiata nā rāua ko Napi Waaka i tito
'E te iwi Māori auē he aha tēnei?' *133*
he waiata nā rāua ko Te Heikōkō Mataira i tito
'Mahara' *65–66*
Pēwhairangi, Mikaera [Ngāti Porou, Te Whānau-a-Ruataupare] 35
he haka nāna i tito
'Uia mai koia' *35*
Pēwhairangi, Tai 35
Peita, Ron **whakaahua 16**
Perohuka [Pātea] 54
'Pīki whara tō taiaha, he muramura' *100*
Pohoiti [Ngāti Te Rangiita o Ngāti Tūwharetoa, he karangatanga tungāne nō Kārangi] 94, 142
'Poia atu taku poi' *93*

'Pokokōhua ana koe e te mate' *126–28*
Polynesian Festival 4, 109
'Pōkarekare ana ngā wai o Waiapu' *57*
Pōmare, Tā Māui 25
Pōnika, Kōhine [Tūhoe] xix, 10, 15, 39
he waiata nāna i tito
'Aku Mahi' *10, 15*
'Kua rongorongo hoki ahau' *39*
'Pōwhiritia rā ngā mōrehu' *48–49*
Pou-tū-teka 143
Poutapu, Piri 13
Prime, Māui Dalvanius [Pātea, Taranaki] 64, 65
he waiata nā rāua ko Ngoi Pēwhairangi i tito
'E Ipo' *65*
Puhiwahine, Rihi [Ngāti Tūwharetoa, Ngāti Maniapoto, Ngāti Toarangatira] 52
he waiata nāna i tito
'Ka eke ki Wairaka' *52*
Pukepuke, Meinga (Te Meinga, ingoa takakau: Haunui) 53, **whakaahua 16**
'Putiputi kanehana e' 106
pūkana 17, 18, 22, 129, 156
'Pūnaunau ana te whataroa a Manaia' *146*
'Pūrei kohu e whakatoro rā' *54*

R
Rānapia, Pātū [Te Whānau-a-Apanui, te tāne a Pēti Rānapia] 60
Rānapia, Peti (ingoa takakau: MacGregor) [Pākehā, te wahine a Pātū Rānapia] 60, 133, 136
Rāwinia [Tūhoe, te karangatanga whaea o Ngāpō Wehi] 85
Rangiaho [te wahine matua a Herea Te Heuheu] 56
Rangihau, Te Rangiāniwaniwa (Te Rangihau, John Rangihau) [Tūhoe] 6, 19, 76, 88, 97, *138*, 170, **whakaahua 16**
he waiata mōna
'Te Rangiāniwaniwa' *76–77*
Rangihau, Wena **whakaahua 16**
Rangi, Maramena [Te Arawa] 3
rangi nō waiata kē
nā Dennis Marsh
'A Walking Piece of Heaven' 66
nā Stephen Foster
'Little Brown Jug' 58
nō Hawai'i
'Akaka Falls' *63*
nō waiata anō
'The Way We Were' 65
'Tonight Is the Night' 67
'You're Just a Flower from an Old Bouquet' 60
Reedy, Kuini Moehau [Ngāti Porou] 66, **whakaahua 6**
he waiata nāna i tito
'Te Ahureinga o te Aroha' *66–67*
Reedy, Te Ōhākī [Ngāti Porou] 61
he waiata nāna i tito
'Taumarumaru ko te rā' *61–62*
Rikirangi-Thomas, Ranginui **whakaahua 21**
Royal, Tūroa 133
Rūrūtao, Wiremu 141

S
Short, Murray **whakaahua 16**
Simpson, Mīria 104, 170
Skerrett, Mere **whakaahua 21**
Smith, Mātai **whakaahua 21**
Smith, Margaret **whakaahua 1**
Smith, Ruth **whakaahua 21**
Stephens, Tainui 71, **whakaahua 10**

T
Tākēkē 94
'Tākirikiri te māti e' *105*
'Tākiri te māti e' *103*
Tāne-rore 9, 10, *85–86*, *119*, *129*, 157
he waiata mōna
'Te koha mai a Tāne-rore ki te ao Māori' *119–22*
'Tāpapa mai, e hine' *104*
'Tāpapa mai, e hine, ki roto i a au' *58*
Tāwhai, Luie **whakaahua 1**
'Tahi nei taru kino' *62–63*
Tahiwi, Kīngi [Ngāti Raukawa] 63, 106
he waiata nāna i tito
'He aha kei taku uma e pātuki ake nei' *63*
'He pūru taitama' 63, *106–07*
'Taiapatia mai kia whitu ngā waea' *104*
'Tai Aroha' *69–70*
Tait, Kerenga **whakaahua 16**
Tait, Netahio **whakaahua 16**
Taituha, Pumi 117
Tamahōri, Pine 33

Taniwharau – *tirohia te kupu* kapa
Tapiata, John 133
Taratoa, Erenora [Ngāti Raukawa] 93
he waiata nāna i tito
'Poia atu taku poi' *93*
'Tau ka Tau' *8*
'Taumarumaru ko te rā' *61–62*
Taupopoki, Mita [Te Arawa, Ngāti Wāhiao] 35
he waiata nāna i tito
'Uia mai koia' *35–36*
'Te Ahureinga o te Aroha' *66–67*
Te Amo, Jackie 146
Te Atairangikaahu, Te Arikinui [Upoko Ariki] 4, 13, 68, 87, 137, **whakaahua 7**
he waiata mōna
'E tō e te rā!' *87–88*
'Te Aumangea' *117–18*
'Tērā ia te Tautara ki Maunga Taupiri' 110
Te Heuheu, Herea [Ngāti Tūwharetoa] 56, 94, 113
he waiata nāna i tito
'E noho ana hoki' *56*
Te Hokowhitu a Tū [kapa] – *tirohia te kupu* kapa
Te Hokowhitu a Tū (Te Hokowhitu Toa) [ngā hōia Māori] 23, *25*, 41, *42*, *43*, *47*, *119*
he waiata mō rātou
'E tā mā, he mārie' *27–28*
'E Te Hokowhitu a Tū, kia kaha rā' *47*
'I runga o ngā puke' *24*, **whakaahua 5**
'Pōwhiritia rā ngā mōrehu' *48–49*
'Te Ope Tuatahi nō Aotearoa' *25–26*
'Te Hokowhitu Toa mauria atu rā' *41–42*
'Te Hokowhitu Toa mauria atu rā' *41–42*
'Te hora aku paki ko koe e Te Poho' *53*
Te Huirori, Pētera 54
he waiata mōna
'Kāore hoki te pō nei' *54*
Te Hurinui [te tāne a Hine-i Turama] 142
Te Ihuwaka, Tāmati 92
Te Iti Kahurangi – *tirohia te kupu* kapa
'Te Kaioraora a Tāmaku' 93, *94*, *108*
Te Kirimangu [Ngāti Hauā ki Tainui] 96
'Te koha mai a Tāne-rore ki te ao Māori' *119–22*
'Te Mātauranga o te Pākehā' *136–37*
Te Maitaranui [Tūhoe] 94–95
Temara, Pou [Ahorangi] xviii, 170
Te Matatini 13, 70, 109, 110, 132, 133, 154, 157
Aotearoa Traditional Māori Performing Arts Festival 109
Polynesian Festival 4, 109
Te Moe-tū-tāhuna 92–93
he waiata nāna i tito
'Ko ahau kei te ngutu e mauria ana mai' *92*
Te Motu-o-ruhi 94, *95*
'Te Muru Whenua' 110, *113–15*
Te Onewhero 53
Te Ōwai, Hēnare [Ngāti Porou] 33
he waiata nāna i tito
'I runga ahau o Ngā Puhi' *33*
Te Ope Tuarua 23, *25*
'Te Ope Tuatahi nō Aotearoa' *25–26*
'Te Pātere a Kārangi' *94*, *142*
Te Pakanga Tuarua 27, 28, 34, 38, 44, 49
Te Pakanga Tuatahi 23, 28, 31, 49
Te Panekiretanga o te Reo xviii, 72, 82, 139, 144, 145, 146, *147*, 149, 152, 169, **whakaahua 18, 21**
Te Pou o Mangatāwhiri – *tirohia te kupu* kapa
'Te rā i haere ai' *39–40*
Te Rakahurumai (Paraire) 53
he waiata mōna
'E kore e ahiahi' *53*
Te Raki-Hāwea, Wiha [Ngāti Awa] 71–72, 80, 82, **whakaahua 9, 10**
he waiata mōna
'He Rau Maharatanga' *81*
he waiata mō rāua ko Tainui Stephens
'Kei Taku Tōrere' *71–72*
Te Rangatahi – *tirohia te kupu* kapa
'Te Rangiāniwaniwa' *76–77*
Te Rata [Te tuawhā o ngā Kīngi] 29
he waiata mōna
'E noho e 'Rata' 29–30
Te Rauparaha [Ngāti Toa] 99, 142, 143
Te Rerenga Kōtuku – *tirohia te kupu* kapa
Te Taura Whiri i te Reo 5, 80, 108, 169
Te Toko, Te Mahutu (Toko) [Waikato, Ngāti Maniapoto] 52
he waiata mōna
'Ka eke ki Wairaka' *52*
Te Ua 94
'Te urutomo mai o te kiritea ki roto ki te ao Māori' *137–39*

Te Waka Huia – *tirohia te kupu* kapa
Te Whaitiri-o-te-rangi [Rongowhakaata] 95
he waiata nāna i tito
'Moumou rawa mai te kai a te tara nei' *95*
Te Whare Ariki o Kuini Irihāpeti Te Tuarua
Kuini Irihāpeti Te Tuarua 4, 16, 26
Pirinehe Ani 16
Piriniha Tiare 17
'Te Wharehuia, kei taku ariki' 88, *89*
Te Whare Takiura o Te Whanganui-a-Tara 2, 16
Te Whare Wānanga o Te Whanganui-a-Tara 60
Te Whare Wānanga o Waikato – *tirohia te kupu* kapa
Te Whare Wānanga o Wikitōria 2, 136, 169–70
Te Whata, Leah **whakaahua 21**
Te Whenuanui [Tūhoe] 142
he waiata mōna
'Whenuanui mā' *142*
'The strings of your temotemo like a banjo' *102*
Tibble, Kōtuku 144
Tihi, Matehuirua **whakaahua 16**
Tītoko 143
Tītore, Tarau [Ngā Puhi] 32
he waiata nāna i tito
'E kīia mai nei ka ngaro a Ngā Puhi' *32–33*
'Tīwhanawhana ana' *91*
Tiotio 53
Tipa, Justin Te Rangiparuhi **whakaahua 21**
Tipa, Kare **whakaahua 21**
Tirikātene, Tā Eruera [Minita mō ngā Mahi Ngahere] 2
tohutohu whakaako waiata ā-ringa 20–22
Tokotoko [te wahine tuarua a Herea Te Heuheu] 56
Tolman, Tipiziwin [Lakota] 72, **whakaahua 11**
Tomoana, Paraire [Ngāti Kahungunu] 23–26, 57, 62, **whakaahua 5**
he waiata nāna i tito
'E pari rā' *26–27*
'Hokihoki tonu mai' *58*
'I runga o ngā puke' *24*, **whakaahua 5**
'Pōkarekare ana ngā wai o Waiapu' *57*
'Tahi nei taru kino' *62–63*
he waiata nā rāua ko Apirana Ngata i tito
'Te Ope Tuatahi nō Aotearoa' *25–26*
'Tomo mai, e tama mā, ki roto, ki roto' *49–50*
'Tōia mai rā' – *tirohia a* 'Karangatia rā'
Topeora [Ngāti Toa] 142–43
he waiata nāna i tito
'He Kaioraora' *142–43*
Tumaha, Rinaha Rawinia **whakaahua 16**
Turiwhēwhē, Rīria [Ngāti Porou] 53
he waiata nāna i tito
'E kore e ahiahi' *53*
Tūakiaki [Ngāti Kahungunu] 94
Tūhoe ki Waikato – *tirohia te kupu* kapa
'Tūpato, e hine, kei rahua koe e Ngāi Tūhoe' *107*
'Tūranga mokemoke ana ahau' *59–60*
Tū Te Maungaroa – *tirohia te kupu* kapa
Tūtengāehe, Hōhua 117
Tūwhāngai, Hēnare 68
Twomey, Shaia **whakaahua 21**

U
Ue-hōkā 143
'Uia mai' – *tirohia a* 'Uia mai koia'
'Uia mai koia' – Te Arawa *35–36*
'Uia mai koia' – Te Tai Rāwhiti *35*
'Utaina mai' *152*

V
Vercoe, Te Reiwhati 136

W
Waaka, Napi [Ngāti Pikiao, Tainui] 133
he waiata nā rāua ko Ngoi Pēwhairangi i tito
'E te iwi Māori auē he aha tēnei?' *133*
Waapu, Winnie **whakaahua 1**
Wātene, Aroha 69
Wātene, Taiapua 69
Wade, Ngahuia **whakaahua 21**
waewae 8, 11, 14–17, *102*, *126*, *150*, 154, 157,
hiki i te waewae 14–17, 22
takahi 11, 157
'Wahine kino koe' *106*
'Wahine kino koe, kaiponu i tō paipera' *103*
'Wahine pai tō āhua' *104*
waiata
Marotiri [kapa hōki]
'Mai i ngā rā o mua, e Ari' *34*

nō Ngāi te Rangi
'Te Kaioraora a Tāmaku' 93, *94, 108*
nō Ngāti Tūwharetoa
'Te Pātere a Kārangi' *94, 142*
nō Whakarewarewa
'Me he manu rere' *58–59*
Te Tai Rāwhiti
'Moe mai, e hika, i tō moenga roa' *74*
Tūhoe
'He haka nā Tūhoe mō Te Whenuanui mā' *142*
'Tīwhanawhana ana' *91*
'Tūpato, e hine, kei rahua koe e Ngāi Tūhoe' *107*
Waihīrere – *tirohia te kupu* kapa
Waipū [Ngāti Manu, Ngāti Ūpokoiri, Ngāti Kahungunu ki Heretaunga] 53–54
he waiata nāna i tito
'Pūrei kohu e whakatoro rā' *54*
Waitoa, Hēnare [Ngāti Porou] 49
he waiata nāna i tito
'Tomo mai, e tama mā, ki roto, ki roto' *49–50*
Wanoa, Ben **whakaahua 1**
Wehi, Annette 83, 85
Wehi, Ngāpō (Bub) [Ngāti Kahu, Ngā Puhi, Te Whakatōhea, Tūhoe, Te Whānau-a-Apanui] 83, 85, **whakaahua 14, 15**
he waiata mōna
'I riro koe, e Pā' *85–86*
Wehi, Pīmia (Pī, Nen) [Te Aitanga-a-Māhaki] 83, 85, **whakaahua 14, 15**
he waiata mōna
'E whae', e Pī'' 83, *84–85*
Wīmutu, Eva **whakaahua 16**
Winitana, Chris **whakaahua 21**

Wh
Whakamoe, Te Karauna 68
Whakatomo 26
'Whakaipuipu mai rā te moana kei waho rā e' *78*
Whanga, Nathan **whakaahua 23**
Wharehuia – *tirohia a* Milroy, James Wharehuia
Whatarau, Moana **whakaahua 17**
White, Hana Mereraiha **whakaahua 21**
White, Hūrae **whakaahua 21**
Williams, Fred 87
whētero 17, 18, **whakaahua 23**

Te Kaituhi

I whānau mai a Tīmoti Sam Kāretu i te tau 1937. He mea whāngai ia e Mauwhare rāua ko Tame hei tamaiti mā rāua. Ko Waikaremoana te kāinga i tipu ake ai a Tīmoti, ā taitama rawa ake, kātahi ia ka kuraina ki te Kāreti o Te Whanga-nui-a-Tara i te tau 1952 ki te tau 1956. Nō konei, ka rongo ia i tōna ngākaunui ki te ako i te reo Pākehā, tae atu anō hoki ki te reo Wīwī me te reo Tiamana.

I te tau 1959, ka whakawhiwhia ki a Tīmoti te Tohu Paetahi e Te Whare Wānanga o Wikitōria, ā, ka pau te rua tau ōna e whakaako ana ki Te Kura Tuarua o Taumarunui, ka whakawhiti a Tīmoti ki Ingarangi, ki te Kōmihana Teitei o Aotearoa. Nōna i reira, ka whakatūria te kapa haka o Ngāti Rānana kua eke tonu nei ki tōna ono tekau tau.

1972 te tau ka tū ia hei Ahorangi tuatahi mō te Tari Māori o Te Whare Wānanga o Waikato. I taua wā, ka eke tana kapa haka, a Te Whare Wānanga o Waikato, ki ngā taumata toa i ngā whakataetae ā-rohe, ā-motu anō hoki. I whakaputaina hoki tana pukapuka, a *Te Reo Rangatira*, e whakamahia tonutia ana e ngā kaiako huri i te motu.

Nāwai, ka karangatia ia hei Toihau, hei Tiamana tuatahi mō Te Taura Whiri i te Reo Māori. Ko ētahi o ā rātou mahi, ko te whakatū i ngā Kura Reo, ko te waihanga kupu hou, ko te tapa ingoa Māori mō ngā tari kāwanatanga, ko te whakaputa i tā rātou nūpepa, i a *He Muka*, ko te kōkiri hoki kia tū Te Tau o te Reo Māori i te tau 1995.

I taua wā anō, ka noho a Tīmoti hei Tiamana mō ngā whakataetae kapa haka ā-motu e kīia nei ināianei, ko Te Matatini, ā, ka puta tana pukapuka, a *Haka – He Tohu Whenua Rangatira* e whakaahua ana i ngā momo haka a te Māori.

Mai i te tau 1999 ki te tau 2019, ka noho a Tīmoti hei mema, hei Tiamana hoki mō te poari o Te Kōhanga Reo. I te tau 2003, i raro i te maru o Te Wānanga o Aotearoa, ko Tīmoti te kaitārai i te waka o Te Panekiretanga o te Reo, ko ōna hoa hautū ko Tākuta Wharehuia

Milroy rāua ko Ahorangi Pou Temara. E rua ōna tohu kairangi hōnore nā Te Whare Wānanga o Wikitōria me Te Whare Wānanga o Waikato i tuku.

E hia kē nei ngā pukapuka i whai wāhi atu ai ia hei kaituhi rānei, hei kanohi hōmiromiro rānei, hei kaupapa tonu rānei. Kua roa ia e tonoa ana e ngā iwi o Aotearoa, o te ao whānui hoki ki te kauhau i ōna tohungatanga i te reo.

He maha ngā waiata me ngā haka kua titoa e ia mā ngā kapa toa o Te Matatini, ka mutu nō te tau 2019, ka riro nāna i whakamāori ngā waiata rongonui o Aotearoa i ēnei wā.

He mea whakawhiwhi a Tīmoti ki ngā tohu huhua mō āna mahi whakarewa i te kairangi o te reo, tae atu ki te tohua ōna hei Tā i te tau 2017.

Ko tētahi o ōna tino māngari ko tana noho i te taha o ngā kaumātua tino mātau ki te reo me ngā tikanga Māori, tae atu ki te haka, pēnei i a Te Rangihau, i a Ngoingoi Pēwhairangi, i a Hāmuera Mitchell, i a Mīria Simpson, i a Matutaera Īhaka, i a Mate Kaiwai, me te momo i a rātou.